KB202697

창조의 부르심에
응답하는
그리스도인

2021년 대림절 묵상집

창조의 부르심에 응답하는 그리스도인

2021년 11월 10일 처음 찍음

엮은이 | 예장목회자모임 아드폰테스 & 기독교환경교육센터 살림
펴낸이 | 김영호
펴낸곳 | 도서출판 동연
등 록 | 제1-1383호(1992년 6월 12일)
주 소 | 서울시 마포구 월드컵로 163-3
전 화 | (02) 335-2630
팩 스 | (02) 335-2640
이메일 | h-4321@daum.net / yh4321@gmail.com

ISBN 978-89-6447-699-4 03230

2021년 대림절 묵상집

창조의 부르심에
응답하는
그리스도인

예장목회자모임 아드폰테스
기독교환경교육센터 살림   함께 엮음

동연

창조의 부르심에 응답하기

누구나 알듯이 창조의 때에 하나님이 인간에게 주신 최초의 사명은 지구와 지구상 모든 생명을 지키고 돌보는 것입니다. 단순히 잘 지키는 일뿐 아니라 인간이 창조세계 어디쯤 위치하는지 알아 '참 좋은' 관계로 살며, 망가진 지구와 서로의 관계를 회복하는 것을 말합니다.

어떻게 하면 그 창조의 부르심에 잘 응답할 수 있을까요? 그리스도인으로서 우선해야 할 것은 말씀을 통해 사명을 분별하는 것입니다. 그를 돕기 위해 만든 책이 바로 이 책『창조의 부르심』말씀 묵상집입니다. 창조세계 돌봄의 걸음을 내딛으려는 신앙공동체를 위해 준비한 책인데요. 성경을 통해 우리의 시대적 사명을 분별하고 행하게 하는, 창조의 부르심에 응답하는 성숙한 그리스도인을 위한 말씀 묵상집이라고 할 수 있습니다.

한 해를 마감하고, 또 다시 한 해를 준비하는 대림절, 이 묵상집과 더불어, 기후변화를 비롯한 창조세계의 위기 한복판에서 새로운 눈으로 성경 말씀을 읽는다면 신앙을 새롭게 하고 다른 삶을 사는 것이 한결 수월해질 수 있습니다. 생태학적 가치를 지닌 30개의 성경 구절을 중심으로 "지구를 보살피라"고 하신 하나님의 부르심을 듣고 그에 응답하게 하는 말씀연구는 지구와 그 안에 살고 있는 생명을 존중하며 서로 참 좋은 관계를 회복하게 할 것입니다.

그동안 기독교환경교육센터 살림은『지구 이웃과 함께하는 40일 묵상 여행』과『주님의 마음으로 자연을 보는 말씀 묵상』그리고『성경 속 나무로 느끼는 하나님의 현존』묵상집을 발간한 바 있습니다. 더불어 '탄소제로 녹색교회를 위한 환경선교사 리더십 과정'이나 '온라인 그린스쿨', '지구돌봄서클' 교육은 물론, 신앙의 절기마다 진행하는 '탄소금식'과 '플라스틱감축' 40일(혹은 7주)간의 일상생활 훈련 캠페인도 진행하고 있습니다. 하지만 안타깝게도 점점 커져만 가는 창조세계의 신음소리에 대한 그리스도인의 응답은 여전히 더디기만 한 것을 봅니다. 그래서 창조의 부르심에 응답하는 성숙한 그리스도인을 위한 말씀 묵상집을 목회자 모임인 '아드폰테스'와 공동으로 기획하고, 발간하게 되었습니다.

이 '창조의 부르심' 묵상집이 그리스도인과 교회들의 거대한 변화를 만들어 창조세계의 온전한 회복을 이루는 자리가 되길 소망해봅니다. 하루 한 편씩 30일 동안 개인적으로 묵상해도 좋지만, 창조 돌봄을 준비하는 청소년이나 청년 그리고 교회 내 환경 소모임 차원에서 함께 말씀 묵상하며 생활 훈련을 할 때 활용하면 좋습니다. 혼자 묵상할 수도 있겠으나 가급적 소모임으로 모여 함께 묵상함으로 창조신앙을 성장시키고 개인과 공동체 모두가 고통 중에 있는 지구와 창조세계의 치유를 위해 일하는 방법으로서 지구를 지키라는 하나님의 부르심을 듣고 응답할 수 있도록 개발되었습니다.

함께 묵상할 때에는 성경 구절을 누군가 천천히 세 번 이상 소리내어 읽는 순서를 갖기를 권합니다. 묵상 후에는 각자 잠시 말씀 속으로 들어갈 수 있도록 침묵하는 시간을 둘 것도 권합니다. 그리곤 먼저 묵상한 이의 글을 함께 읽고 나누되, 이어지는 반성과 토론을 위한 '성찰 질문'에 따라, 토론에서는 각자 고요히 자신의 생각을 적은 후, 나누도록 넉넉히 시간을 할애해줄 것 또한 권합니다.

할 수만 있다면 말씀 묵상 전후나 묵상 시간 동안 동네 숲길을 거닐며 자연을 즐길 수 있게 해주어도 좋습니다. 창조세계 안에서 하나님이 현존을 느낄 수 있게 하자는 것인데, 성 어거스틴은 창조를 하나님의 또 다른 "위대한 책"이라고 불렀고, 토마스 아퀴나스는 '성경'뿐 아니라 '창조세계' 이 두 가지를 거룩한 두 권의 책이라고 하였습니다. 그러니 생태적 가치가 담긴 말씀을 묵상하면서, 자연을 거님으로 '창조세계'라는 거룩한 책을 함께 읽는다면, 창조주 하나님께로 더 가까워질 수 있을 것입니다.

끝으로 이 '창조의 부르심' 묵상집이 나오기까지 함께 기획하고 직접 묵상 글을 작성해주신 목회자모임 '아드폰테스'와 소속된 교회의 30여 명의 목사님에게 깊은 감사의 마음을 전합니다. 각자의 목회 현장에서 신음하는 창조세계와 그 안에서 힘겹게 살아가는 이들을 끌어안고서, 먼저 주어진 말씀을 묵상하고 글을 써주셨는데, 덕분에 그리스도인마다 창조세계 안에서 하나님의 임재를 새로이 경험하며, 영적으로 더 살아나 돌보고 치유하는 일을 한결 수월하게 할 수 있게 되었습니다. 감사합니다.

아무쪼록 우리 모두가 이 '창조의 부르심' 말씀 묵상집과 함께 받은 생명을 온전히 누리기는커녕 지구를 해치고 또 자신을 다치게 한 것을 회개하고, 절망이 아닌 희망을 보는 하나의 마음으로 하나님께 돌아서서 새길을 걷고 또 걷게 되길 간절히 기도드립니다.

이광섭 목사(기독교환경교육센터 살림 공동대표, 전농교회)

차
례

대림 3주 12/12~18

내가 사는 지역의 다양한 동·식물과 아름다운 장소 목록을 만들기

대림 4주 12/19~25

아기 예수님이 오실 구유 꾸미기 또는 일상의 성소 만들기

대림 5주 12/26~31

다가오는 새해를 맞아 탄소제로 생활 계획 세우기

창조 세계 돌봄을 위한 기후 중보기도

이와 같이 성령께서도 우리의 약함을 도와주십니다. 우리는
어떻게 기도해야 할지도 알지 못하지만, 성령께서 친히 이
루 다 말할 수 없는 탄식으로, 우리를 대신하여 간구하여 주
십니다. 사람의 마음을 꿰뚫어 보시는 하나님께서는, 성령의
생각이 어떠한지를 아십니다. 성령께서, 하나님의 뜻을 따
라, 성도를 대신하여 간구하시기 때문입니다(롬 8:26–27).

우리는 누구나 창조주 하나님의 명령에 따라 땅을 경작하
고 돌봐야 하는(창 2:15) 사명을 부여받았습니다. 이 사명은 지구
와 지구상 생명을 존중할 뿐만 아니라 그들 생명 하나하나와 연
결되어 있을 때 이룰 수 있습니다(창 1:31). 비록 지구상 생명의
생존이 곧 불가능해질 만큼 상황은 위급하지만, 하나님의 창조

11

물을 돌봐야 하는 우선적 이유는 다른 데 있지 않습니다. 하나님이 그들을 좋다고 하셨고 그들을 지금도 사랑하고 계시기 때문입니다. 무슨 일이 일어날까 두려워서 돌보는 것이 아닙니다.

우리는 30여 년 전부터 과학자들이 말해온 기후 위기를 이제야 실감하고 있습니다. 상황이 누구도 부정할 수 없을 만큼 위급한데, 우리는 여전히 책임 전가하거나 우리가 할 수 있는 일이 무엇이냐 반문하며 주저하고 있습니다. 사실 기후 재난의 상황은 물론, 아름다운 산과 바다에 쌓여가는 폐 플라스틱을 보면 두렵고 무기력해져서 어떻게 저항해야 할지 난감하기도 합니다. 때로는 믿음으로 행동해 보았지만, 우리 삶이 미치는 선한 영향력이 약하여 염려가 크고 실망스럽기만 합니다.

이에 다가오는 대림절에는 오시는 주님을 통해 새롭게 하시는 하나님의 창조에 부르심을 다시 듣게 되길 소망합니다. 창조의 부르심을 들은 이라면 우리 안에 있는 창조주 하나님은 물론 그가 지으신 창조물에 대한 우리의 사랑을 분명히 할 수 있을 것입니다. 하나님이 만드신 지구와 거기 거하는 생명 하나하나를 존중하는 삶 또한 살 것이고, 창조의 은총과 구속의 은총을 입은 제자로서의 도리를 충실히 행하게 될 것이기 때문입니다.

우리가 대림절 동안만이라도 말할 수 없는 탄식으로 우리를 도우시는 성령님과 연결되기를 소망합니다. 그 가운데 지구의 기후를 위해 중보기도한다면, 그것은 우리의 힘으로 지구를 구하기 위해서가 아니라 하나님께서 이미 시작하신 만물 곧 땅에 있는 것이나 하늘에 있는 것들이 주로 말미암아 자기와 화목하게 하시는 하나님의 구원 사역에 동참하는 것이 될 것입니다.

창조의 부르심에 응답하는 것이 기후 위기 시대 하나님의 창조 세계를 지키고 돌보는 기도요 실천입니다.

기후 중보기도를 좀 더 구체적으로 하기 원하시는 분은
26가지 기도문과 그 해설이 담긴 자료를 참고하시면 좋습니다.
지구를 구하는 생활 영성 훈련을 희망하시는 분은
다음 '탄소금식 40일 묵상 및 실천 카드'(어린이용 포함)를
활용하셔도 좋습니다.
(https://bit.ly/2XtAon4 탄소제로녹색교회 자료 받기)

대림 1주
11/28~12/4

예수님께서 우리의 아름다운 지구에 오신 것을 기뻐하기

"하나님이 땅의 짐승을 그 종류대로, 가축을 그 종류대로, 땅에 기는 모든 것을 그 종류대로 만드시니 하나님이 보시기에 좋았더라"(창 1:25).

아시시의 프란시스는 형제인 태양과 누이인 달과 모든 피조물을 주신 창조주를 찬양하였습니다. "창조주 하나님께서는 여러분에게 필요한 모든 것을 주기 위해 여러분을 사랑하십니다!"라고 말하였습니다. 겸손한 모습으로 세상에 오신 예수님을 본받아 우리도 자연의 일부임을 깨닫고 동료 피조물을 돌보는 기쁨의 한 주간이 되도록 합시다.

하나님이 보시기에 좋았더라

창세기 1:31

하나님이 지으신 그 모든 것을 보시니 보시기에 심히 좋았
더라

묵상 글

하나님이 천지를 창조하셨다. 빛이 있으라 하시니 빛이 만들
어졌다. 성경은 "빛이 하나님이 보시기에 좋았더라"라고 기록
되어 있다. 계속해서 하나님은 세상을 창조하실 때마다 반복하
여 말씀하셨다.

하나님이 물을 땅이라 부르시고 모인 물을 바다라 부르시니 하나님이 보시기에 좋았더라

땅이 풀과 각기 종류대로 씨 맺는 채소와 각기 종류대로 씨 가진 열매 맺는 나무를 내니 하나님이 보시기에 좋았더라

낮과 밤을 주관하게 하시고 빛과 어둠을 나뉘게 하시니 하나님이 보시기에 좋았더라

모든 생물을 그 종류대로, 날개 있는 모든 새를 그 종류대로 창조하시니 하나님이 보시기에 좋았더라

하나님이 땅의 짐승을 그 종류대로, 가축을 그 종류대로, 땅에 기는 모든 것을 그 종류대로 만드시니 하나님이 보시기에 좋았더라

그리고 마지막으로 성경은 하나님의 마음을 이렇게 표현하였다.

하나님이 지으신 그 모든 것을 보시니 보시기에 심히 좋았더라

하나님은 사랑으로 천지를 창조하셨다. 그래서 세상이 창조될 때마다 흐뭇해하셨고 좋아하셨다. 이 말은 하나님이 창조하신 이 세상이 하나님 나라의 모습이었다는 것이다. 하나님이 설계하시고 하나님이 기획하시고 하나님이 창조하신 것이 이 세

상이다. 그리고 하나님은 우리에게 이 세상을 관리하라는 막중한 책임을 맡기셨다. 이제 우리는 스스로에게 물어보아야 한다. 우리는, 나는 하나님이 창조하신 만물을 제대로 관리하고 있는가?

지금까지 교회는 그리스도의 복음을 말하면서 개인 구원론에만 초점을 맞추어서 말씀을 선포했다. 마찬가지로 선교도 하나님의 선교가 아니라 사람 구원에만 초점을 맞추는 협의적인 구원만을 이야기해왔다. 그래서 교회에서 반복적으로 강조하여 이야기한 것이 영혼 구원, 개인 구원이었다. 협의적인 구원을 이야기하면서 우리 사회에 만연된 하나님 창조질서의 파괴에 대해서는 무관심하였을 뿐만 아니라 서슴지 않고 하나님이 창조하신 피조물을 파괴하기까지 했다.

그러나 하나님의 창조 즉 하나님이 보시기에 좋았던 창조는 사람만을 위한 창조가 아니라 세상의 모든 자연, 환경 그리고 세상에 대한 좋음을 포함하는 것이었다. 그러므로 하나님이 우리에게 이 세상을 관리하라는 책임을 맡겨주신 것은 세상을 파괴하고 변형시키라는 의미가 아니라 하나님이 보시기에 좋았던 그 모습을 보존하라는 명령의 말씀이었다. 하나님이 우리에게 주신 지상명령은 땅끝까지 복음을 전하라는 것만 있는 것이 아니라 모든 피조물을 잘 다스리고 관리하라는 말씀도 있음을 잊지 말아야 한다.

　전 세계적으로 코로나바이러스가 변이되면서 확산되고 있다. 창조질서가 제대로 운행되었다고 한다면 과연 코로나바이러스가 지금과 같이 우리에게 위협적인 존재로 나타나게 되었을까를 생각해 본다. 혹여 인간의 탐욕과 야망이 낳은 바이러스는 아닐까? 자연과 환경의 파괴로 인한 자기방어는 아닐까를 생각해 본다. 코로나가 우리에게 주는 메시지는 무엇일까? 멈춤이 아닐까? 자연파괴에 대한 멈춤, 폭주하고 있는 인류에 대한 경고 그리고 아무런 목적도 없이 달려가는 우리 인생에 대한 멈춤을 요구하는 것은 아닐까? 하나님이 천지를 창조하셨을 때의 세상은 달려가는 세상이 아니었다. 멈춤이 있었고, 휴식이 있었고, 관계가 있었다. 그러나 인간은 이러한 하나님의 창조질서를 다 무너트리고 파괴하며 인간의 탐욕을 위하여 자연을 악용하였다.

　그렇다면 우리가 지금 해야 할 일은 대체 무엇인가? 하나님이 기뻐하신 그 세상을 회복시키는 것이다. 그것이 그리스도인의 작은 소명이며 사명이다.

묵상을 위한 질문
- 나는 하나님이 보시기에 좋은 사람인가?

- 지금 내 주변 환경은 하나님이 보시기에 좋은가?
- 하나님의 창조질서 회복을 위하여 내가 지금 해야 할 일은?

한 줄 기도

주님, 지금 내가 있는 삶의 자리에서 하나님의 창조질서 회복을 위하여 할 수 있는 일을 시작하게 하여 주시고 나의 관점이 아니라 하나님의 관점으로 세상을 보게 하여 주시옵소서. 아멘.

고형진(강남동산교회 목사)

경작하며 지켜야 할 인간의 소명

창세기 2:15

하나님께서 그 사람을 이끌어 에덴동산에 두어 그것을 경작

하며 지키게 하시고

묵상 글

웬델 베리의『온 삶을 먹다』라는 책이 있습니다. 이 책은 공장

식 축산에 대한 이야기를 들려줍니다. 그들에겐 세 가지 원칙이

있습니다. 감금, 집중, 분리입니다. 동물을 감금하는 것은 효율

성의 산업화 차원에서 비롯된 것이라고 말합니다. 이 시설의 목

표는 가장 좁은 공간에 최소의 돈과 노동을 가지고 최대한의 동물을 수용하고 먹이는 것입니다. 무고한 동물들을 가혹하게 다루는 것입니다. 이러한 것을 경제적으로 미화해버렸고, 인간은 존중과 감사를 받아야 할 가축에게 큰 빚을 지고 있다는 것입니다. 그뿐 아닙니다. 동물의 배설물은 적절히 분산되면 비옥함의 훌륭한 원천이 되지만, 집중되면 기껏해야 쓰레기가 되고, 최악의 경우 독이 되는 것입니다. 이것으로 하천이 오염됩니다. 더 큰 문제는 동물을 대규모로 집중시키다 보면 병원체도 집중되고 그 때문에 항생제를 계속 쓸 수밖에 없다는 것입니다. 또한 동물의 먹이를 동물들과 '분리'시켜야 합니다. 먹이를 자라게 하는 별도의 농장을 가지고 있든지, 그렇지 못하다면 공장에서 만드는 사료를 먹일 수밖에 없는 것입니다. 이러한 먹이 또한 단일 경작 방식으로 길러진 것이고, 멀리 옮겨와야 하는 것입니다. 결국 많은 에너지들이 소비되는 것입니다. 이것이 더 많은 결과와 소유를 얻으려는 공장식 축산이며, 우리가 맞이하는 현실입니다.

하나님께는 최초의 꿈이 있었습니다.

여호와 하나님이 그 사람을 이끌어 에덴동산에 두어 그것을 경작하며 지키게 하시고(창 2:15)

이 본문에서 '경작하다'와 '지키다'는 히브리어 어원의 'abad'와 'shamar'입니다. 앞의 동사, '경작하다'는 '양육하다', '유지하다', '재배하다'로 번역되며, 뒤의 동사는 '지키다', '보존하다', '돌보다', '보호하다'를 의미합니다. 이 동사들은 능동형 동사로서 인간이 자기 필요를 충족시키고, 하나님께 영광과 명예를 올려드리는 방법으로 세계를 계발하고 소중히 여기길 바라시는 하나님의 뜻을 담습니다. 이것이 하나님의 형상으로 지음 받은 인간이 살아가는 방법입니다. 그런데 최초의 목적이 왜곡되어 가고 있습니다.

타락한 인간은 광야로 나가게 됩니다. 출애굽한 이스라엘 백성은 광야에 진입하게 됩니다. 예레미야 선지자는 예레미야 2장 2절에서 광야를 이렇게 설명합니다. "씨 뿌리지 못하는 땅 그 광야에서" 광야는 '제루아' 즉, '씨 뿌리지 못하는 땅', '어떤 것도 경작이 불가능한 땅', '어떤 것도 자라게 할 수도 없는 땅', '씨가 없는 곳'입니다. 호전될 가능성이 보이지 않는 땅입니다. 이러한 문제는 단순히 땅의 경작을 넘어서서 삶의 방식과 사회 속에서의 인간관계에서도 그대로 드러납니다. 예를 들면 주인과 소작농의 관계에서도 나타납니다. 예수님 당시 갈릴리의 많은 땅들이 외국인들에 의해 점령되어 농토를 경작하는 농민들의 불만이 민족주의적 감정으로 확대되어, 소작료를 거부하거나 소작

2021년 대림절 묵상집

료를 받으러 오는 사람을 죽이는 일이 가끔 있었으며, 때로는 농민들이 농토를 강압적으로 탈취하는 일도 있었습니다. 문제는 단순한 경작의 문제를 넘어 사회의 구조 안에서도 경작과 지키는 문제가 그대로 나타나고 있다는 것이었습니다. 잠언 23:13을 새번역으로 읽어보면 "가난한 사람이 경작한 밭에서는 많은 소출이 날 수도 있으나, 불의가 판을 치면 그에게 돌아갈 몫이 없다"고 한다. 문제는 가난한 자의 밭에 많은 소출이 날 수도 있지만, 불의한 것이 문제라는 것입니다. 하나님께서는 이미 풍요롭게 하셨습니다. 문제는 불의, 사람의 욕심이 문제라는 것입니다.

그런데 가능성이 보이지 않은 인간의 타락 속에서 경작하여 소득을 얻게 되는 가치보다 한 걸음 진보한 가치를 보여줍니다. 사도행전 4:34-35, "그중에 가난한 사람이 없으니 이는 밭과 집 있는 자는 팔아 그 판 것의 값을 가져다가 사도들의 발 앞에 두매 그들이 각 사람의 필요를 따라 나누어 줌이라." 여기에서 사람들이 가져온 것을 사도들이 나누어주었습니다. 초대교회 공동체는 '밭과 집을 팔았습니다.' 경작할 수 있고, 소득을 얻는 것을 넘어서서 하나님의 형상으로 지음 받은 인간이 경작을 넘어 돌보고 보호해야 하는 것으로 진전시키고 있었습니다. 소유로부터 존재로 이동합니다. 그래서 자신의 밭을 팝니다. 고대 알렉산드리아 교회에서는 10만의 교인들이 19,000의 걸인을 부양

했다는 기록이 있습니다. 경작의 목적은 돌봄과 보호에 있기 때문입니다. 이것이 초대교회가 가진 놀라운 힘이었습니다.

에스겔 36:33-36, "주 여호와께서 이같이 말씀하셨느니라. 내가 너희를 모든 죄악에서 정결하게 하는 날에 성읍들에 사람이 거주하게 하며 황폐한 것이 건축되게 할 것인즉 전에는 지나가는 자의 눈에 황폐하게 보이던 그 황폐한 땅이 장차 경작이 될지라 사람이 이르기를 이 땅이 황폐하더니 이제는 에덴동산같이 되었고, 황량하고 적막하고 무너진 성읍들에 성벽과 주민이 있다 하리니 너희 사방에 남은 이방 사람이 나 여호와가 무너진 곳을 건축하며 황폐한 자리에 심은 줄을 알리라 나 여호와가 말하였으니 이루리라." 하나님의 꿈을 말씀하십니다. 이전에는 황폐한 땅, 황량하고 적막하고 무너진 성읍, 무너진 곳들이 있었다는 것입니다. 그런데 그곳에 성읍들이 건축되고 그 땅에서 경작을 하게 될 것이며 그 땅이 에덴동산같이 될 것이라는 것입니다. 그 일을 하나님께서 이루실 것이라는 것입니다. 무너진 곳이 다시 회복되는 것, 이것이 바로 하나님의 꿈이었습니다.

우리는 하나님의 처음의 꿈으로 돌아가야 합니다. 먼저는 이 땅을 경작하고, 양육하고, 보고해야 할 창조질서에 대한 책임을 져야 합니다. 그리고 보존하고 돌보고 보호해야 할 책임이 있습니다. 그것은 창조와 땅과 경작에 대한 것과 동시에 사람들과 사

2021년 대림절 묵상집

회에 관해서도 힘없는 사회적 약자들을 향해서도 돌보며 보호해야 할 책임을 깊이 묵상하며, 삶에서 작은 실천이지만, 하나님의 말씀에 대한 믿음과 용기로 살아가는 그리스도인이 되기를 기도합니다.

묵상을 위한 질문

- 나의 삶에서 효율성과 생산성의 가치를 가지고 살았던 삶의 방식에는 어떤 것들이 있었나요?
- 하나님의 질서와 창조질서의 보존을 위해 실천할 수 있는 것은 무엇입니까?
- 사회적 약자들을 위한 정의의 실천에는 어떤 것들이 있을까요?

한 줄 기도

하나님, 인간을 하나님의 형상으로 창조하신 하나님, 하나님께서 인간을 대하는 방식과 사랑으로 자연을 창조질서대로 경작하게 하시고, 동시에 삶의 자리에서도 이웃을 돌보며 보호하며 살아가게 하소서. 아멘

권대현(광주제일교회 목사)

온 땅에 충만한 주의 영광

시편 8:1-9

여호와 우리 주여 주의 이름이 온 땅에 어찌 그리 아름다운
지요 주의 영광이 하늘을 덮었나이다 주의 대적으로 말미암
아 어린 아이들과 젖먹이들의 입으로 권능을 세우심이여 이
는 원수들과 보복자들을 잠잠하게 하려 하심이니이다 주의
손가락으로 만드신 주의 하늘과 주께서 베풀어 두신 달과 별
들을 내가 보오니 사람이 무엇이기에 주께서 그를 생각하시
며 인자가 무엇이기에 주께서 그를 돌보시나이까 그를 하나
님보다 조금 못하게 하시고 영화와 존귀로 관을 씌우셨나이
다 주의 손으로 만드신 것을 다스리게 하시고 만물을 그의

발 아래 두셨으니 곧 모든 소와 양과 들짐승이며 공중의 새

와 바다의 물고기와 바닷길에 다니는 것이니이다 여호와 우

리 주여 주의 이름이 온 땅에 어찌 그리 아름다운지요

묵상 글

본문의 저자인 다윗은 하나님을 향하여 "주의 이름이 온 땅에

아름답고 주의 영광이 하늘을 덮었다"라고 찬양한다. 여기에서

'아름답다'라는 것은 왕의 위엄과 영광스러움을 뜻하는 말로, 온

땅에 충만한 하나님의 영광을 높이고 있다.

먼저 다윗은 연약한 인간에게 임한 하나님의 사랑을 찬양한

다. 하나님을 대적하는 자는 스스로 강하다고 생각하고, 자기 힘

과 능력을 의지하며 하나님을 찬양하기보다 자기의 노력과 성

과를 자랑한다. 그러나 연약한 자, 겸손한 자들은 마치 어린아이

와 젖먹이들이 부모를 의지하듯 하나님을 의지한다.

본문에 나오는 "사람이 무엇이기에, 인자가 무엇이기에 하나

님께서 이토록 우리를 생각하고 돌보시는가?" 이 고백은 연약하

지만, 하나님을 의지하는 자를 돌보시는 하나님의 깊은 사랑에

대한 찬양이다. 이처럼 하나님께서는 연약하고 겸손한 자의 입

술을 통해서 하나님의 권능을 찬양하며 하나님의 영광을 높이

도록 하신다.

이어서 하나님께서 친히 창조하신 피조물을 바라보며 하나님의 능력을 찬양하고 있다. 하나님께서는 피조물을 창조하셨을 뿐 아니라 창조 이후로도 계속 다스리고 계신다. 하나님 말씀으로 창조하시고, 주의 손가락으로 만드신 하늘과 달과 별들은 처음 만들어졌을 때의 법칙을 어기지 않고 지금까지도 그 질서를 잘 유지하고 있다. 한 치의 오차도 없는 이러한 창조세계를 바라볼 때 하나님의 능력과 주의 아름다움을 찬양할 수밖에 없다.

마지막으로 창조주 하나님께서 자신이 만드신 피조물을 인간들에게 위임해 주셨음을 찬양한다. 주께서는 연약하고 나약한 인간을 생각하고 돌보실 뿐 아니라 영화와 존귀의 관을 씌워 주셨다. 그것은 하나님의 능력과 위엄을 인간에게 위임해 주셔서 세상을 다스리고 관리하도록 하셨다는 것이다. 하나님께서는 인간에게 피조물을 다스리고 길러내는 권한을 주시고, 그렇게 할 수 있는 능력까지 위임해 주셨다.

오늘날의 생태계는 점점 아파하고 신음하며 그 질서가 조금씩 깨어져 가고 있다. 따라서 오늘 우리는 하나님이 만드신 피조세계를 바라보며 하나님을 찬양할 뿐 아니라 창조세계를 잘 다스리고 관리해야 할 청지기적 사명도 잊지 말아야 한다. 자연과 인간이 함께 공존하고 공생할 수 있도록 하나님으로부터 부여

받은 자연에 대한 통치력을 바르게 사용하는 우리가 되어야 할 것이다.

묵상을 위한 질문

- 나는 스스로의 경험과 힘을 의지하는 어리석은 자인가, 아니면 젖먹이와 어린아이같이 하나님을 의지하는 자인가?
- 조금도 실수하지 않는 자연의 법칙, 밤하늘의 달과 별을 바라볼 때 우리가 가져야 할 하나님에 대한 마음은 어떠한 것일까?
- 하나님께서 만들어 놓으신 창조세계가 파괴되고, 신음하는 생태계와 자연환경을 바라보며 내가 할 수 있는 노력은 무엇이 있는가?

한 줄 기도

오늘도 주님께서 창조하신 세계를 바라보며, 밤하늘의 달과 별을 바라보며 놀라운 주님의 권능을 찬양합니다. 하나님의 창조세계 안에서 주님의 뜻을 행하며 우리에게 맡겨주신 피조물을 올바르게 다스리고 관리하며 살게 하소서. 아멘.

김만준(덕수교회 목사)

창조의 부르심에 응답하는 그리스도인

함께한 모든 생물

창세기 9:8-10

하나님이 노아와 그와 함께한 아들들에게 일러 가라사대 내

가 내 언약을 너희와 너희 후손과 너희와 함께한 모든 생물

곧 너희와 함께한 새와 육축과 땅의 모든 생물에게 세우리니

방주에서 나온 모든것 곧 땅의 모든 짐승에게니라

묵상 글

　창세기 6장 5절 이하를 보면 "여호와께서 사람의 죄악이 세

상에 관영함과 그 마음의 생각의 모든 계획이 항상 악할 뿐임을

보시고 땅위에 사람 지으셨음을 한탄하사 마음에 근심하시고 가라사대 나의 창조한 사람을 내가 지면에서 쓸어버리되 사람으로부터 육축과 기는 것과 공중의 새까지 그리하리니 이는 내가 그것을 지었음을 한탄함이니라" 말씀하십니다.

하나님께서 사람의 죄 때문에 노아의 홍수로 세상을 심판하시며 결국 육축과 기는 것과 공중의 새까지 그리하셨습니다. 하지만 하나님께서는 방주를 만드시고 노아와 그의 가족인 사람들뿐만 아니라 함께한 모든 생물 곧 새와 육축과 땅의 모든 생물까지 구원하셨고 홀수의 심판 후 그들과 함께 언약도 세우셨습니다.

비록 사람들의 죄 때문에 심판하셨지만 그래서 억울하게 다른 생물들까지 희생당했지만, 하나님께서는 사람들과 함께한 새와 육축과 땅의 모든 생물을 구원하시고 언약의 당사자로 세우셨다는 것입니다.

이 말씀 속에 우리에게 주는 특별한 교훈이 있습니다. 동물의 행복권에 대해서는 이론이 있지만, 홍수 심판 후 새 언약을 맺으실 때 그 대상을 사람에게만 제한하지 않으셨다는 것이 성경의 가르침이라는 것은 분명합니다.

그런 점에서 동물, 더 나아가서는 식물, 더 나아가서는 자연환경에 대한 새로운 기독교적 이해가 필요합니다. 사람 외에 모든 생물과 그 환경이 사람들의 정복과 다스림의 대상이기에 앞서 함께할 언약의 대상이라는 것입니다.

지금까지는 모든 것을 사람 중심으로 이해하다 보니 결국 동물과 식물과 자연의 희생을 당연한 일로 여겼지만, 그로 인해 되레 사람에게도 위협이 되고 있다는 지적이 많이 나오고 있습니다. 동물들이 사라지고 있다는 것은 사람도 멀지 않았다는 반증이라는 지적입니다. 그래서 기독교는 생물의 다양성을 위해 노력해야 하며 그들과 함께할 때 언약의 풍성함이 계속 이어져 갈 것입니다.

그러나 분명한 것은 생물과 함께한 너희가 아니라 너희와 함께한 생물이라는 것입니다. 간혹 동물과 식물 환경에 대한 이해가 나라와 민족 간, 인종과 사람 간의 차별 속에서 하나님의 형상을 닮은 사람들의 소외로 이어지는 어리석음으로 귀결되어서는 안 된다는 것입니다.

묵상을 위한 질문

- 하나님께서 동물들을 방주로 구원하신 것은 단지 희생 제사와 식용을 위해서만일까요?
- 언약 속에 모든 생물 곧 새와 육축과 땅의 모든 생물까지 포함하신

뜻은 무엇일까요?

• 그들이 사람들과 함께한다는 것은 그들을 어떻게 대하라는 것일까
요?

한 줄 기도

주님, 북극곰의 죽음이 우리의 죽음으로 이어지지 않게 모든 생물이
서로 공존하는 길을 발견하고 그 길을 여는 우리 모두가 되게 하소서.
아멘.

김보한(평화중부교회 목사)

땅으로 안식하게 하라

레위기 25:3-5

너는 육 년 동안 그 밭에 파종하며 육 년동안 그 포도원을 가꾸어 그 소출을 거둘것이나 일곱째 해에는 그 땅이 쉬어 안식하게 할지니 여호와께 대한 안식이라 너는 그 밭에 파종하거나 포도원을 가꾸지 말며 네가 거둔 후에 자라난 것을 거두지 말고 가꾸지 아니한 포도나무가 맺은 열매를 거두지 말라 이는 땅의 안식년임이니라 하나님께서 천지를 창조하시고 매일 반복하신 말씀은 "보시기에 좋았더라"이다. 하나님의 만족감을 표현하는 이 말씀에서 흐뭇해하시고 미소지으시는 하나님의 마음을 읽을 수 있다. 계속해서 "좋구나" 하시는 말씀을 연발하시는 하나님을 상상해보면 내 마음도 시원해지고 기쁨으로 채워진다. 하나님께서 우주를 지으시고 그냥 방치하시는 것이 아니라 우리 인간에게 우주를 관리하고 가꾸는 책임을 맡기셨다. 오늘 우리는 이 땅을 관리하도록 위임받은 사람들이다.

오늘 말씀은 안식에 대한 말씀이다. 하나님께서 천지창조 후에 안식하셨고, 율법을 통하여 안식일을 말씀하셨다. 이 안식일의 의미는 안식년으로 의미가 확장되고, 약속의 땅에 들어가서도 하나님의 백성들이 안식년을 지켜야 한다고 말씀하신다. 히브리어로 안식일은 샤바트(שבת; Sabbath)인데, 이 날은 단순히 노동을 그치고 쉬는 것으로 그 의미가 한정되는 것이 아니라 보다 적극적으로 하나님께서 거룩하게 하신 날이라는 점에서 하나님의 왕되심을 드러내고, 생명을 구하고, 좋은 일을 행하는 것으로 나아가야 한다(눅 6:8-9).

이 안식년의 의미는 땅의 문제로 확장된다. "너희는 내가 너희에게 주는 땅에 들어간 후에 그 땅으로 여호와 앞에 안식하게 하라"(레 25:2b). 여섯 해 동안은 밭에 씨를 뿌리고 포도를 가꾸어 소출을 거두어야 한다. 하지만 일곱째 해에는 땅도 쉬어야 한다. 땅을 구분하여 일곱으로 나누고 매년마다 제칠 년이 되었을 때에 안식년에 해당하는 부분은 휴식을 갖게 하는 것이다. 이 땅에는 밭에 씨를 뿌려도 안 되고 포도원을 가꾸어도 안 된다. 밭에 저절로 나고 자란 곡식을 거두어서도 안 된다(레 25:3-5). 안식년에 그 땅에서 나고 자란 곡식은 가난한 이들이 먹게 하고, 그렇게 하고도 남은 것들은 들짐승들이 먹게 해야 한다(출 23:11). 그렇게 해야 하는 이유는 그 땅의 주인이 곧 하나님이시기 때문이다.

어려운 이웃이 안식년에 그 땅에서 저절로 난 곡식을 거두는 것은 땅 주인이 베푸는 시혜가 아닌 것이다. 주변의 가난하고 어려운 이들이 이 땅에서 나는 곡식을 수치심이나 굴욕감을 느끼지 않고 구할 수 있게 된다. 비록 삶은 고단하여도 인간적인 존엄성에 상처를 입지 않아도 되는 것이다. 이러한 맥락에서 볼 때 오늘 우리는 또는 교회는 어려운 이웃에게 베푼다고 하는 자기만족의 차원이 아니라 그 누구도 상처받지 않게 배려하면서 사랑으로 나누어야 함을 배우게 된다.

오늘 말씀에서 땅의 안식년은 우리가 소유한 그 무엇이라도 1/7은 이웃을 위해 남겨주어야 한다는 의미는 아닐까? 내가 힘들어도 더 필요한 이들에게 사랑으로 나누고 섬길 때에 더욱 하나님의 은총이 우리의 삶 가운데 나타날 것이다. 더 가지려는, 더 얻으려는 인간의 욕심이 결국은 전 지구적인 환경의 파괴로 이어지고, 『총, 균, 쇠』의 저자인 제러드 다이아몬드Jared M. Diamond 는 인류문명이 30년 남았다고 경고하는 상황에까지 이르렀다. 더 얻기 위하여 무차별적으로 환경을 파괴하면서 개발을 진행하는 시대에 환경의 문제가 먼 나라의 이야기가 아니라 오늘 우리의 문제가 되었다. 코로나19도 결국 인간의 욕심에서 비롯된 것이라고 보면, 더 가지려는 마음보다는 오늘 우리의 가진 것에 감사하고, 더 주려고 하는 마음, 더 나누려고 하는 마음이 필요한 때다. 하나님께서 이 땅의 주인이시기 때문이다.

묵상을 위한 질문

- 개발 명목으로 삼림이 훼손되고 환경이 파괴되는 현장을 볼 때 어떤 마음인가?
- 내가 가진 모든 것이 온전히 하나님의 것이라고 고백할 수 있는가?
- 내 손이 필요한 곳, 내 마음과 사랑이 필요한 이웃은 누구인가?

한 줄 기도

사랑의 하나님, 이 땅이 참 주인이 우리 하나님이십니다. 아파하며 신음하고 있는 이 땅의 백성들과 지구가 참 안식과 희년으로 나아가 회복의 시대가 열리게 하소서. 내가 가진 것들로 함께 나누며 하나님의 거룩한 뜻을 이루어가게 하소서. 아멘.

김성일(일동동부교회 목사)

청종하고 사랑하여 섬기면

신명기 11:13-15

내가 오늘 너희에게 명하는 내 명령을 너희가 만일 청종하고 너희의 하나님 여호와를 사랑하여 마음을 다하고 뜻을 다하여 섬기면 여호와께서 너희의 땅에 이른 비, 늦은 비를 적당한 때에 내리시리니 너희가 곡식과 포도주와 기름을 얻을 것이요 또 가축을 위하여 들에 풀이 나게 하시리니 네가 먹고 배부를 것이라

신명기는 광야 생활을 마치고 가나안에 들어가는 출애굽 2세에게 모세가 하나님의 법을 다시 설명하는 내용이다. 본문 13절은 "내가 오늘 너희에게 명하는…"이라며 하나님께서 직접 말씀하시는 것을 옮기는 문장으로 시작한다. 이 말씀을 듣는 순간 이스라엘 백성들의 자세는 어떠했을까? 하나님의 음성 앞에 자세를 고쳐 바르게 하고, 귀를 세우고, 눈을 모으고, "내가 명하는"이라는 말 앞에 귀를 세우고 청종하는 모습을 보였을 것이다.

"하나님께서 말씀하신다." 이것이 13절의 앞부분이라면, 뒷부분은 그 말씀을 대하는 백성들의 자세가 나온다. 하나님의 말씀을 전달받은 순간 백성들의 반응은 하나님을 사랑하고 섬기는 것으로 나타난다. "여호와를 사랑하는 것이 무엇이냐? 여호와를 섬기는 것이다"이다. 하나님을 섬기는 최고의 자세는 예배다. 하나님의 말씀 앞에 백성들은 '예배자'의 모습으로 나아간다.

그때 하나님은 '이른 비와 늦은 비의 복, 곡식과 포도주와 기름'을 주신다. 이 복의 의미는 하나님께서 주시는 은혜가 육체의 복에 한정되지 않고, 우리가 하나님을 사랑하고 예배드림으로 온 피조세계가 복을 누리게 됨을 말씀하고 있다(신 11:14-15).

하나님을 사랑하는 성도가 보여드리는 최고의 삶의 자세가 예배다. 예배는 성도의 개인 영성으로 그치지 않고 그를 통하여 온 피조세계가 복을 받게 됨을 말씀해 주고 계신다. 하나님 사랑은 예배의 회복으로, 피조세계의 회복으로 이어짐을 하나님은 말씀하고 계신다.

묵상을 위한 질문

- 나의 하나님을 향한 사랑은 어떤 자세로 표현되고 있는가?
- 내가 드리는 예배는 어떤 고백과 감사가 드려지고 있는가?
- 이 땅을 향한 하나님의 회복의 손길이 예배에서 시작됨을 알고 살아가는가?

한 줄 기도

하나님을 사랑합니다. 이 고백이 삶의 예배로 드려지길 원합니다. 예배 가운데 임재하시는 하나님께서 주의 백성과 교회가 이 땅을 향한 축복의 통로로 살도록 이끄소서. 아멘.

김성환(대양교회 목사)

대림 2주

12/5~11

자연과 함께 조용히 걸으며, 자연 안에서 하나님의 숨결 느끼기

주님, 주께서 만드시고 보시기에 좋았던 이 세상의 만물을 다스리고 정복하려한 우리를 긍휼히 여기소서(창 1:28).

경이롭게 세상을 창조하신 하나님께 감사드립니다. 나는 창조의 아름다움을 보고 땅의 울부짖음과 가난한 사람들의 울음소리를 듣고 있는지 각성합니다.

그리고 내가 하는 선택이 창조물과 가난하고 취약한 사람들에게 어떤 영향을 미치는지 이해할 수 있는 은총을 요청합니다. 또, 창조물과 이웃을 돌보는 데 부족하지는 않았는지 생태적 정의와 화해를 향한 회개의 은총을 구해봅시다.

하나님께서 지으신 세상 만물과 화해하고 화목하여 벗이 되도록 생태적 성찰을 하게 하시고 창조의 선물을 주신 하나님께 기도드립시다.

피조세계가 건네는 소리를 경청^{傾聽}하라

욥기 12:7-8

이제 모든 짐승에게 물어 보라 그것들이 네게 가르치리라 공

중의 새에게 물어 보라 그것들이 또한 네게 말하리라 땅에게

말하라 네게 가르치리라 바다의 고기도 네게 설명하리라

묵상 글

어느 날 갑자기 욥은 깊은 고난에 빠지게 되지만, 욥의 친구

들은 욥의 형편과 처지를 조금도 이해하지 못했습니다. 자신의

결백을 주장하는 욥의 이야기를 들은 친구들은 오히려 욥을 더

구석진 곳으로 몰아붙일 뿐입니다. 욥이 당하는 고난은 하나님께서 죄인을 벌하시는 것이기에 욥의 손에 있는 죄를 멀리 버리고, 모든 불의를 그치라고 욥을 다그쳐 세웁니다(욥 11:14). 욥을 위로하겠노라 찾아왔던 친구들이었지만, 정작 욥의 아픔과 탄식을 듣지 못했습니다. 욥의 친구들은 자신들이 듣고 싶은 것만 가려서 들을 뿐이었습니다.

자신의 곤경에 대해 전혀 관심을 가지지 않는 친구들에게 욥은 자연과 역사 안에서 수수께끼 같은 방법으로 세상을 섭리하시는 하나님을 이야기할 수밖에 없었습니다(욥 12:14-25). 그리고 하나님께서 이 세상을 다스리시는 것에 대해 모든 짐승과 공중의 새와 바다의 고기에게 물어보라고 말합니다. 심지어 땅에게도 물어보면 땅뿐만 아니라 모든 피조세계가 하나님의 다스리심에 대해서 가르쳐 줄 것이라고 일러줍니다.

사람들은 자기가 듣고 싶어 하는 것만을 듣는 경향이 있습니다. 남성 중심적인 사회는 여성들의 소리를 귀담아들으려 하지 않습니다. 백인 중심적인 사회는 유색인들의 아픔과 고통의 소리에 귀 기울이지 않습니다. 또한 인간 중심적인 사회에서는 피조세계의 소리를 전혀 듣지 못합니다. 그러나 우리는 타자의 소리를 듣는 귀를 가져야만 합니다. 들음은 공존의 미학입니다. 만약 인간 중심적인 이기심을 벗고, 피조세계의 소리를 들으려 한다면 얼마든지 짐승과 새와 바다의 고기와 땅의 소리를 들을 수 있습니다. 들으려고 한다면 풀잎이 스치는 소리도 들을 수 있습니다. 들으려고 한다면 침묵조차도 들을 수 있습니다.

모든 피조세계는 저마다의 소리를 가지고 있습니다. 하늘은 하나님의 영광을 선포하고, 창공은 그의 손으로 하신 일을 나타내며, 낮은 낮에게 말하고, 밤도 밤에게 이야기를 건넵니다(시 19:1-2). 이처럼 하늘도 궁창도 낮도 밤도 모두 하나님에 관한 이야기를 저마다의 소리로 전해줍니다. 우리는 영적 감수성을 통해서, 생태인지 감수성을 통해서 그리고 마음의 귀를 통해서 피조세계의 소리를 들을 수 있습니다.

피조세계는 지금 어떤 소리를 전하고 있을까요? 하나님께서 이 모든 세상을 지으시고 다스리시는 분이라는 소리를 여전히 전하고 있습니다(시 19:1). 함께 친구로 지음 받은 인간들의 욕심 때문에 고통당하는 자신들의 아픔과 탄식 소리를 전해오고 있습니다(롬 8:22). 그리고 하나님께서 빚어주신 저마다의 모습으로 하나님의 영광을 선포하고, 그 하신 일을 전하고 있습니다. 이 모든 피조세계가 건네는 소리를 귀 기울여 경청(傾聽)해야 합니다. 그들의 소리에 귀를 열어야 합니다. 경(傾)은 잘 듣기 위해 상대방에게 몸을 기울이는 것입니다. 청(聽)은 귀로 왕의 이야기를 듣듯 혹은 왕이 백성의 이야기를 듣듯 성심을 다해 듣는 것입니다. 열 개의 눈으로 시선을 집중하고, 마음을 하나로 모아 듣는 것을 의미합니다. 하나님께서 인간에게 허락하신 피조세계 친구들이 전하는 소리를 몸을 기울이고 온 성심을 다해 들어야 할 때입니다.

묵상을 위한 질문

- 하나님은 나의 소리를 얼마나 깊게 들어주실까?
- 나의 내면의 소리를 들어주며 나눌 수 있는 친구는 누구일까?
- 나는 하늘, 땅, 동물들, 새, 물고기의 소리를 들어본 적이 있는가?

한 줄 기도

주님, 주님께서는 저의 작은 신음에도 응답하심을 믿습니다. 피조물들의 찬양, 피조물의 탄식 소리, 피조물이 저에게 건네는 소리를 듣는 마음을 주옵소서. 아멘.

김영근(만민교회 목사)

내가 가꾼 땅이 훔친 것이라면

2021년 대림절 묵상집

욥기 31:38-40

만일 내 밭이 나를 향하여 부르짖고 밭이랑이 함께 울었다

면 만일 내가 값을 내지 않고 그 소출을 먹고 그 소유주가 생

명을 잃게 하였다면 밀 대신에 가시나무가 나고 보리 대신에

독보리가 나는 것이 마땅하니라 하고 욥의 말이 그치니라

묵상 글

욥은 자신의 삶이 나락으로 떨어진 현실을 겪으면서 자신의

삶을 총체적으로 돌아보지 않을 수 없었습니다. 그는 지나온 자

신의 삶을 하나하나 짚어가면서 자신을 하나님 앞에 세우려 애쓰고 있습니다. 만일 자신의 삶에 잘못이 있다면 하나님의 책망을 달게 받겠다는 각오도 있습니다.

그래서 욥은 자신의 정결한 삶과 거짓 없는 삶을 호소합니다. 남종이나 여종, 가난한 자나 과부와 같은 사회적인 약자들을 함부로 대하지 않았고, 그들을 실망시키지 않았다고 말합니다. 그는 고아와 과부의 청을 물리치지 않았고, 덮고 잘 것이 없는 사람에게 옷을 만들어 입히기도 했습니다. 분명 욥은 하나님의 뜻을 따라 살아온 사람입니다.

하지만 욥이 하나님 앞에 온전할 수는 없습니다. 오늘 본문에 이렇게 말하지요.

> 내가 가꾼 땅이 훔친 것이라면, 땅 주인에게서 부당하게 빼앗은 것이라면, 땅에서 나는 소산을 공짜로 먹으면서 곡식을 기른 농부를 굶겨 죽였다면, 내 밭에서, 밀 대신 찔레가 나거나 보리 대신 잡초가 돋아나더라도, 나는 기꺼이 받겠다. 이것으로 욥의 말이 모두 끝났다(욥 31:38-40, 표준새번역).

"내가 가꾼 땅이 훔친 것이라면, 땅 주인에게서 부당하게 빼앗은 것이라면." 욥은 자신이 부당하게 남의 것을 훔치지 않았다고 하소연합니다. 하지만 우리는 욥의 이 말을 깊이 새겨 보아야 합니다. 땅에 대한 우리의 생각은 어떠합니까? 과연 인간이 땅의 주인일까요?

우리는 창세기 말씀을 통해서 하나님이 인간에게 땅과 자연과 만물을 맡겨주신 것을 알게 됩니다. 하나님이 온 땅과 만물의 주인이십니다. 그러나 우리는 땅과 자연에 대한 하나님의 주되심보다도 '부당하게 빼앗아' 이익을 극대화하기 위해 살아오지 않았습니까? 그래서 땅이 나를 향하여 부르짖고, 울고 있지 않습니까?

올여름 우리는 세계 도처에서 땅의 부르짖음을 듣고 있습니다. 기후 변화로 인한 폭염과 홍수, 극심한 가뭄과 거대한 산불들을 목격하고 있습니다. 자신은 아무것도 훔치지 않았다고 하소연하고 있지만, 욥의 말은 초라하게 들립니다.

우리는 욥의 말처럼 "밀 대신 찔레가 나고, 보리 대신 잡초가 돋아나는" 현실과 마주하고 있습니다. 이제 우리는 우리의 마음을 근본적으로 바꿔야 하지 않을까요? 땅과 거기에 속한 모든 것의 주인이 하나님이시라고, 그래서 나는 하나님의 동산을 아름답게 가꾸는 청지기로 살겠노라고 다짐해야 하지 않을까요?

묵상을 위한 질문

- 우리가 땅에서 훔친 것이 있습니까? 있다면 무엇일까요?
- 내 삶에서 하나님이 땅의 주인이시라는 것을 인정하는 것이 무엇인
  지 기록해 보십시오.

한 줄 기도

하나님 아버지, 그동안 우리는 자신을 땅의 주인으로 생각하며 살아왔
습니다. 이제는 땅의 신음 소리를 듣게 하시고, 어떻게 해야 하나님이
맡겨주신 아름다운 자연을 회복할 수 있을지 우리에게 지혜를 가르쳐
주소서. 아멘

박동혁(대화교회 목사)

세상은 다 여호와의 것이다

2021년 대림절 묵상집

시편 24:1-2

땅과 거기에 충만한 것과 세계와 그 가운데에 사는 자들은
다 여호와의 것이로다 여호와께서 그 터를 바다 위에 세우심
이여 강들 위에 건설하셨도다

묵상 글

　인간은 죄를 지었고, 그 죄의 영향력은 늘 인간과 함께 있는 피조
물들에까지 미치게 되었다. 인간은 자연을 파괴하고 정복하고 마
음대로 사용하였다. 오늘날 인간은 세상을 향해 탐욕의 끝을 보여

주고 있다. 땅과 바다와 하늘, 모든 곳에 인간의 죄악의 손과 탐욕의 발길이 닿지 않은 곳이 없다. 탐욕의 손이 닿은 곳은 다 파괴되었다. 파괴된 자연은 생명을 위한 창조목적을 이루지 못하고 태풍과 가뭄과 산불과 같은 것으로 생명을 죽이는 역할을 하게 되었다.

왜 이런 일이 일어나게 되었는가? 그것은 우리가 하나님이 맡기신 피조세계의 청지기임을 망각했기 때문이다. 창세기 1장 28절에는 땅에 충만하고, 땅을 정복하고, 모든 생물을 다스리라고 하셨지만, 창세기 2장 15절에는 "그것을 경작하며 지키라"고 명령하셨다. 즉, 하나님이 인간에게 주신 명령은 파괴가 아니라 보존인 것이다. 그럼에도 인간이 그 사실을 망각하고 세상의 피조물을 마치 내 것인 것처럼 사용하고 파괴하는 것은 하나님을 피조물의 소유주로 인정하지 않고, 하나님의 것을 내 것으로 주장하는 것과 마찬가지이다. 이것은 하나님의 것을 인정하지 않는 인간의 교만함이며, 더 나아가서 하나님의 존재를 인정하지 않는 죄악과 같은 것이다.

"땅과 거기에 충만한 것과 세계와 그 가운데 사는 자들'은 다 '여호와의 것"(시 24:1)이라고 분명히 선포하고 있다. 이 세상에 어떤 것도 하나님의 것이 아닌 것이 없다. 하나님이 우리에게 사용하도록 허락하신 자연뿐 아니라 나 자신도 하나님의 것이다. 내가 가진 모든 것도 하나님의 것이다. 바다와 강은 가끔씩 하나

창조신앙과 생태학적 그리스도인

님을 대적하는 세력으로 등장한다. 그러나 그럴지라도 그들은 결국 하나님이 창조하시는 세상의 기초(시 24:2)가 될 뿐이다.

오늘도 우리는 숨 쉬며 살아간다. 이 생명도 내 것 아니라 하나님이 주신 것이다. 하나님께서 교만하고 하나님을 대적하려는 내 삶을 허무시고, 오히려 그곳에 터를 닦으시고 하나님의 나라를 이루어 가시도록 내 삶을 내어드리자.

묵상을 위한 질문

• 내가 가진 모든 것이 하나님의 것임을 인정합니까?

• 나는 피조세계의 청지기로서의 삶을 살아가고 있습니까?

• 밀어내고 하나님의 터를 세워야 할 나의 교만한 모습은 무엇입니까?

한 줄 기도

주님, 이 땅의 모든 것이 주님의 것이며 또한 내가 가진 모든 것도 주님의 것임을 인정하게 하소서. 그리고 나에게 주어진 것들과 인류에게 주어진 것들을 아끼고 잘 보존하는 청지기의 삶을 살게 하시고, 숨겨져 있는 나의 교만함을 무너뜨리시고 주님의 나라의 터를 세워주소서. 아멘.

이상협(영주교회 목사)

박넝쿨과 벌레

요나 4:9-11

하나님이 요나에게 이르시되 네가 이 박넝쿨로 말미암아 성
내는 것이 어찌 옳으냐 하시니 그가 대답하되 내가 성내어
죽기까지 할지라도 옳으니이다 하니라 여호와께서 이르시되
네가 수고도 아니하였고 재배도 아니하였고 하룻밤에 났다
가 하룻밤에 말라 버린 이 박넝쿨을 아꼈거든 하물며 이 큰
성읍 니느웨에는 좌우를 분변하지 못하는 자가 십이만여 명
이요 가축도 많이 있나니 내가 어찌 아끼지 아니하겠느냐 하
시니라

묵상 글

목사안수 예배에서 노회의 선배 목사님께서 설교를 하셨는데 설교의 제목이 범상치 않았습니다. "개 같은 목사가 됩시다." 하나님의 종으로 거룩한 목사의 직분을 받는 자리에 하필 '개'라니. 안수받는 당사자들도 예배에 참석했던 가족과 성도도 살짝 당황했지만, 개만큼 주인에게 헌신하고 충직한 동물이 없으니 목사도 하나님께 대하여 그렇게 개와 같이 충성하라는 말씀이었습니다.

2020년 말 기준으로 우리나라의 반려동물은 860만 마리를 넘어섰고, 곧 천만을 넘어설 것으로 보이며 반려동물 시장규모는 현재 년간 약 6조 원에 이르러, 향후 2027년에는 10조 원도 돌파할 것으로 예측하기도 합니다. 이에 관련 산업이 발전하고 호황을 누리면서 유아를 태우고 다니던 유모차에 반려동물이 앉아 있고 제법 묵직한 반려동물을 주인이 업고, 안고 다니는 풍경을 쉽게 목격할 수 있습니다. 적지 않은 관심과 사랑의 대상이 이제는 사람보다 자신들을 위한 반려동물에게 집중되는 현상을 보면서 정작 우리에게 돌봄의 대상으로 지목하셨던 고아와 나그네와 미망인과 같은 사회적 약자에 대한 관심과 돌봄에 상대적으로 소홀하지는 않은지 돌아보게 됩니다.

인간의 관심과 사랑이 보다 확대되어 주변인으로부터 이웃에게로 그리고 나아가 모든 동식물과 피조물에까지 이르러 창조 질서를 회복하고 그 안에서 상생한다면 그야말로 이 땅에서의 '하나님 나라의 구현과 회복'이 어찌 아니겠습니까?

요나는 몹시 화가 나 있습니다. 니느웨가 멸망하지 않고 구원받은 일과 뜨거운 햇빛을 가리웠던 하나님이 주신 박넝쿨이 하나님이 보내신 벌레가 다 갉아 먹어 없애버린 일에 극도로 분노합니다. 그러나 요나의 분노의 대상은 니느웨도 벌레도 아닌 하나님인 것으로 보입니다. 너무 화가 난 나머지 창조주이신 하나님 앞에서 죽음을 운운합니다.

이에 하나님은 "네가 심지도 돌보지도 않은 박넝쿨을 이렇게 아꼈거든 이 큰 성읍 니느웨에 12만 명의 생명과 가축도 많이 있음"을 상기시키시면서 하나님의 사랑의 대상과 범위를 보여 주십니다.

하나님께서는 우리가 주관적으로 판단하는 가치 있어 보이는 인생뿐 아니라 모든 인생, 모든 짐승과 피조물을 사랑하시고 구원하시기를 원하신다는 사실을 말씀하시면서, 니느웨 백성의 회개와 그들을 향한 심판의 철회가 정당함을 요나에게 그리고 오늘 우리에게 교훈하고 계십니다.

개인의 소확행 재료로 동식물을 아끼는 식의 이기적 사랑과 관심에 머무르는 것에서 나아가 '하나님께서 사랑하시는 모든 이 땅의 인생과 동식물과 대자연'으로 확장되어야 하겠습니다. 요나는 하나님의 사랑법에 대하여 대답하지 못한 채 요나서는 끝이 납니다. 요나가 하지 못했던 응답을 이제 우리가 하나님 앞에 보여드려야 할 것입니다.

요나에게 박넝쿨을 주신 하나님께서 벌레를 보내어 교훈하심과 같이 벌레로 인하여 고통하여 불평했던 요나의 자리에서 이세상을 향하신 하나님의 사랑법을 깨달아 그 사랑 안에 감사하며 나아가 하나님의 사랑의 전달자로 살아가야 할 것입니다.

묵상을 위한 질문

- 박넝쿨에 대한 요나의 집착과 사랑을 벌레를 보내셔서 교훈하심처럼 나에게 있어 박넝쿨 같은 애착은 무엇이고, 또 이에 대한 하나님이 보내시는 벌레는 무엇일까 적용해봅니다.
- 내가 니느웨를 어찌 아끼지 아니하겠느냐는 하나님의 사랑법에 나도 동의하여 그것들을 사랑할 수 있을지 요나 대신에 대답해봅니다.

한 줄 기도

주님, 나와 같은 자를 이처럼 사랑해주시니 감사합니다. 나도 주께서

사랑하시는 그들을 주께서 나를 사랑하심같이 사랑하며 이 일에 충성

하겠습니다. 아멘

남궁천수(부천낙원교회 목사)

하나님의 은혜가 모든 피조물을
만족하게 채우신다

시편 145:16

손을 펴사 모든 생물의 소원을 만족하게 하시나이다

묵상 글

시편 145편은 찬송시로 다윗이 쓴 시 가운데 맨 마지막에 나오는 시이다. 이 시에서 다윗은 하나님께서 행하신 위대한 일들을 노래하며 그분의 은혜를 찬양하고 있다. 다윗은 "왕이신 하나님을 높이며 영원히 주의 이름을 송축하여야 한다"고 말하는데, 그 이유는 하나님의 위대하심 때문이다. "하나님의 위대하심을 측량할 수 없기에 대대로 주께서 행하시는 일을 크게 찬양하며 선포하라"고 노래한다.

또한 다윗은 자비로우시고 은혜를 베푸시는 하나님을 찬양한다. 위대하고 전능하신 하나님은 동시에 은혜로우시며 긍휼이 많으시며 인자하신 분이다. 하나님은 창조하신 모든 것을 선대하시며 긍휼을 베풀어주신다. 그렇기에 다윗은 주께서 지으신 모든 것들이 감사하며 주를 송축하는 것이 마땅함을 고백한다.

이어서 다윗은 하나님 나라와 주의 통치가 영원히 대대에 이르리라고 찬양한다. 하나님의 다스림은 공간적으로나 시간적으로 어느 한 영역에 제한되지 않으며 모든 역사는 그분의 통치 아래에 속해있다. 세상은 약하고 보잘것없는 자들을 무시하고 억압하지만, 하나님께서는 모든 넘어지는 자들을 붙드시고 비굴한 자들을 일으키신다. 지으신 모든 만물, 그 누구도 외면하거나 소외됨 없이 돌아보시며 은혜를 베푸시는 분이 하나님이시며, 그것이 하나님 나라 다스림의 섭리인 것이다.

그렇기에 모든 피조물은 주를 바라며 하나님의 도우심을 기대한다. 섭리 가운데 다스리시는 하나님은 때를 따라 먹을 것을 주시는 분이시기 때문이다. 여기서 '먹을 것'은 필요한 모든 것을 섭리와 은혜 가운데 충족시켜 주신다는 사실을 함축하는 표현이다. 16절에서 그것을 다시 한번 강조하고 있다. 하나님은 "손을 펴사 모든 생물의 소원을 만족하게 하시는" 분이시다. '하나님의 손'은

구약에서 하나님의 능력을 상징한다. 전능하신 능력을 베푸셔서 필요를 채우시고 삶을 영위하게 하신다. 모든 피조물은 예외 없이 하나님께서 공급하시는 은혜로만 살아가는 것이다.

우리는 은혜를 베푸시는 하나님을 경외하고, 간구하며 살아가야 한다. 지금 우리의 삶이 자기의 힘과 능력으로 이루어진 것이 아니기 때문이다. 살아가는 모든 순간이 은혜임을 기억하며 주를 앙망할 때, 간구하는 자들을 가까이하시며 경외하는 자들의 소원을 이루시는 하나님께서 우리를 만족하게 채우신다.

묵상을 위한 질문

- 위대하시고 전능하신 하나님을 경험하며, 그분을 찬양하며 살아가고 있는가?
- 약한 자들을 붙드시며 일으키시는 하나님 나라 다스림의 섭리를 깨달으며 우리도 하나님 나라 백성으로의 삶을 살아가고 있는가?
- 지으신 모든 것들을 다스리시며 만족하게 채우시는 하나님을 경외하며 간구함으로 그 은혜 안에 살아가고 있는가?

한 줄 기도

전능하신 하나님, 자비로우시며 긍휼을 베풀어주시는 하나님을 찬양

2021년 대림절 묵상집

합니다! 내 힘과 능력으로 살아가는 것이 아니라 모든 생물의 소원을 만족하게 하시는 하나님의 은혜로만 살아갈 수 있음을 고백합니다. 하나님만 경외하며 간구함으로 주의 다스리시는 은혜 안에 살아가게 하소서. 아멘.

박종철(꿈꾸는교회 목사)

하나님과의 온전한 관계

전도서 3:19

인생이 당하는 일을 짐승도 당하나니 그들이 당하는 일이 일반이라 다 동일한 호흡이 있어서 짐승이 죽음같이 사람도 죽으니 사람이 짐승보다 뛰어남이 없음은 모든 것이 헛됨이로다

묵상 글

인간을 짐승과 다를 것이 없다고 말하는 근거는 죽음의 문제를 스스로 극복하지 못하는 한계를 지녔다는 사실과 인간이나 짐승이나 죽으면 썩어 흙으로 돌아가고 만다는 사실에 있다. 아

무리 고귀하고 특별한 삶을 산다고 해도 산이나 들을 배회하다가 정해진 시간을 마치고 죽어 흙으로 돌아가는 짐승과 마찬가지로 인간 역시 죽게 되면 흙으로 돌아간다는 점에 있어서 동일하다.

그렇다면 이를 통해 전도자가 말하고자 하는 것은 무엇일까? 여기서 전도자는 단지 사람과 짐승이 똑같다는 것을 말하기 위해 이 같은 말을 하는 것은 아니다. 여기서 전도자가 말하고자 하는 바는 사람이 짐승과 비교할 때 무엇이 달라도 달라야 하는데, 그것이 무엇이냐는 것이다. 그것은 세상적인 가치나 물질이 아니라는 것이다. 그렇다면 우리의 인생에 진정한 가치를 부여해 주는 것은 무엇일까? 그것은 짐승에게 없는 영적인 것이며 하나님과의 온전한 관계에 있다. 그것만이 인간을 인간 되게 하며 가치 있고 존귀한 존재가 되게 하기 때문이다. 먹고 살기 위해 일하고 더 좋은 집에서 좋은 옷을 입고 좋은 것을 먹으며 사는 것에 인생의 모든 것을 걸었다면, 본능을 따라 사냥을 하고 종족을 번성시키며 자기 영역을 지키고자 사투를 벌이는 짐승과 다를 것이 무엇이 있겠는가? 성경을 보면 하나님께서는 노아 시대 타락한 이들을 가리켜 "육신이 됨이라"(창 6:3)고 하셨는데 이는 그들의 영적인 조명을 따라 거룩하고 의로운 가치를 따라 사는 것이 아니라 욕정과 본능만을 따라 살아가는 짐승과 다를 바 없는 '육체 덩어리'에 지나지 않음을 지적한 것이다. 만일 우리가 우리의 삶을 가치 있고 존귀한 것으로 세워가고자 한다면 먼저 우리 속에 하나님의 형상이 새겨져 있음을 깨닫고, 육신의 요구가 아니라 영의 요구를 분별하고 그에 합당한 삶을 살아야 한다. 그렇게 할 때 우리는 참으로 복되고 가치 있는 삶을 살 수 있다.

이 세상을 바라보고 세상의 가치를 따라 본능과 욕구를 좇아 사는 인생은 짐승과 다를 바 없는 무가치하고 비천한 삶이 아닐 수 없다. 진정한 인생의 가치는 영적인 가치를 따라 살며, 살아 계신 하나님과 교제하며, 그의 거룩한 성품을 닮아 가는 노력을 통해 얻을 수 있다.

묵상을 위한 질문

- 인간과 짐승의 공통점은 무엇인가?
- 인간과 짐승의 차이점은 무엇인가?
- 하나님과 온전한 관계를 위해 우리가 할 수 있는 것은 무엇인가?

한 줄 기도

하나님, 오늘도 밝은 태양을 볼 수 있도록 은혜 베풀어주시니 감사합니다. 마지막 호흡이 다 하는 날까지 우리에게 주신 은사를 하나님 나라 위해 드리는 삶이 되게 하소서. 아멘.

성호경(장안제일교회 목사)

대림 3주

12/12~18

내가 사는 지역의 다양한 동·식물과 아름다운 장소 목록을 만들기

"내가 멀리 날아가서 광야에 머무르리로다"(시편 55:7).

이 시편의 저자는 멀리 떠도는 꿈을 꿨을 때 머리 위로 비행기가 날아다니지는 않았을 것입니다. 그러나 현시대에는 증권 거래소에서 계속 오르고 있는 높은 휘발유 가격에도 불구하고 항공 교통은 매년 기록을 경신합니다. 불행히도, 비행기의 탄소 배출은 비행기가 비행하는 고도로 인해 다른 교통수단에 비해 지구 온난화에 두 배의 영향을 미치고 있습니다. 집에서 가까운 곳으로 휴가를 떠나보면 어떨까요. 인터넷을 활용하여 검색해 본다면 우리 주변, 멀지 않은 곳에 숨이 멎을 만큼 아름다운 풍경이 많이 있습니다.

사랑의 콩깍지

2021년 대림절 묵상집

아가 2:2-3

여자들 중에 내 사랑은 가시나무 가운데 백합화 같도다 남자
들 중에 나의 사랑하는 자는 수풀 가운데 사과나무 같구나
내가 그 그늘에 앉아서 심히 기뻐하였고 그 열매는 내 입에
달았도다

묵상 글

사랑에 빠진 사람을 눈에 콩깍지가 씌었다고 합니다. 사랑은
멀쩡한 사람의 눈에 일종의 가리개를 씌우는 것과 같아서 선택

적 인식(selective recognition)을 하게 합니다. 콩깍지가 씌이면 좋은 것만 보이게 되고 단점은 보이지 않습니다. 그리고 사랑하는 대상만 보이고 나머지는 보이지 않게 됩니다. 사랑하면 사랑하는 대상 외에 나머지는 다 상대적으로 보입니다. 마치 카메라로 아웃포커싱을 하면 초점에 맞춰진 것만 선명하게 드러나고, 나머지는 주인공을 돋보이게 만드는 배경으로 흐릿하게 보이는 것처럼 말입니다. 오늘 본문은 콩깍지가 씌인 남녀의 사랑 고백입니다.

먼저 2절은 솔로몬이 술람미 여인을 향해 "여자들 중에 내 사랑은 가시나무 가운데 백합화 같도다"라고 고백한 것입니다. 사랑하는 술람미 여인 외에 나머지 여자들은 다 가시나무 같고, 사랑하는 여인은 그 가운데 홀로 아름다움을 뽐내는 백합화 같다고 이야기합니다. 가시나무는 아무 쓸모나 가치도 없고 찌르고 상처만 줄 뿐입니다. 가시나무는 다른 나무들의 성장을 방해합니다. 그런데 사랑하는 술람미 여인만 홀로 백합화처럼 보입니다. "내 눈에는 너만 보여" 이런 고백입니다.

이제 솔로몬으로부터 사랑 고백을 받은 술람미 여인이 3절에서 이렇게 화답합니다. "남자들 중에 나의 사랑하는 자는 수풀 가운데 사과나무 같구나"라고 했습니다. 다른 남자들은 그냥 수풀을 이루는 무의미한 나무들에 불과하고, 솔로몬만이 사과나무와 같다고 이야기합니다. 이 사과나무 그늘에 앉아서 심히 기뻐하였고, 그 열매의 달콤함을 맛보았다고 칭찬합니다. 다른 나무에서는 얻을 수 없는 기쁨과 달콤함입니다.

사랑은 시간이 지날수록 더 깊어지고 성숙한 모습으로 발전해야 합니다. 그러나 인간의 연약함과 미성숙함으로 시간이 지날수록 사랑이 식어가기 쉽습니다. 함께 오래 살다 보면 사랑이 아니라 전우애로 산다는 농담을 할 정도입니다. 처음 콩깍지가 씌었을 때는 좋은 점만 보였는데, 시간이 지나면서 좋은 점은 흐릿해지고 나쁜 점만 보이게 됩니다.

아가서는 표면적으로 솔로몬과 술람미 여인과의 사랑 이야기입니다. 그러나 러브스토리가 성경의 정경에 포함된 것은 단순히 남녀상열지사가 아니라 하나님과 하나님 백성과의 관계를 비유한 것이고, 그리스도와 교회와의 관계를 비유한 것이기 때문입니다.

우리를 향한 하나님의 사랑은 변함이 없습니다. "너의 하나님 여호와가 너의 가운데 계시니 그는 구원을 베푸실 전능자시라 그가 너로 인하여 기쁨을 이기지 못하시며 너를 잠잠히 사랑하시며 너로 인하여 즐거이 부르며 기뻐하시리라 하리라"(습 3:17)고 하십니다.

그러나 하나님을 향한 우리의 마음은 변질되기 쉽습니다. 한 때는 은혜를 체험하고 주님과의 처음 사랑에 뜨거운 시간이 있었지만, 어느 순간 이상한 모습으로 변질되기 쉽습니다. "그러나 너를 책망할 것이 있나니 너의 처음 사랑을 버렸느니라"(계 2:4)고 책망하신 모습이 우리의 모습이기 쉽습니다. 은혜가 식고 율법주의에 빠집니다. 날 사랑해주신 주님께 감사하기보다 교만해지기 쉽습니다. 지금 주님을 향한 우리의 사랑은 어떠합니까?

사랑은 고백하고 표현할 때 더욱더 발전합니다. 구체적으로 고백할 때 관계는 더 깊어지게 됩니다. 주님은 우리의 고백을 듣기 원하십니다. 주님은 가시나무 가운데 백합화 같고, 수풀 가운데 사과나무 같아서 내 기쁨과 달콤함은 주님으로만 온다는 고백을 드립시다.

묵상을 위한 질문

- 지금 내 눈에 크게 보이는 것은 무엇입니까?
- 주님을 향한 나의 사랑은 점점 커지고 있습니까? 아니면 점점 식고 있습니까?
- 지금 내가 주님께 드릴 사랑의 고백은 무엇입니까?

한 줄 기도

주님, 술람미 여인처럼 보잘것없는 저희를 사랑해주셔서 감사합니다.

우리 눈에 주님만 보이게 하시고, 주님만 사랑하게 하소서. 아멘.

손의석(명륜중앙교회 목사)

창조세계 보전은 믿음의 척도입니다

이사야 24:5

땅이 또한 그 주민 아래서 더럽게 되었으니 이는 그들이 율

법을 범하며 율례를 어기며 영원한 언약을 깨뜨렸음이라

묵상 글

태초에 하나님이 하늘과 땅, 그 가운데 존재하는 모든 것을

창조하셨다. 마지막으로 인간을 창조하신 후 인간은 땅에 거하

며 세상을 책임지는 존재가 되었다. 인간조차도 땅에서 지음을

받았기에 땅은 그 자체로 거룩하며 완전했다.

땅이 거룩함과 완전함을 잃게 된 것은 땅의 문제가 아니라 인간들의 문제였다. 아담과 하와의 범죄, 그의 아들의 범죄로 말미암아 땅은 더 이상 인간에게 호의적인 관계가 아니라 인간의 이마에서 땀이 흐르게 했고, 때론 인간의 수고에 합당한 열매를 맺어주지 않았다. 인간이 땅에 직접적으로 행한 죄악은 아닐지라도 하나님과 인간 사이의 관계가 깨지는 순간 땅과 인간의 관계도 파기된 것이다.

땅과 인간의 관계가 파기된 것은 하나님과 인간의 관계만의 문제가 아니었다. 인간과 인간의 관계가 단절될 때 땅은 그 증언자가 되었다. 아무도 없다고 생각한 곳, 누구도 보고 있지 않다고 생각한 광야에서 카인이 아벨을 향해 폭력을 행사할 때 땅은 지켜보고 있었고, 아벨이 흘리는 피를 받아주었다. 그리고 소리치지 못하는 아벨을 대신하여 땅은 하나님께 호소하였고, 하나님으로부터 멀어진 땅은 더 이상 가인을 받아주지 않았다.

인간들의 생각이 악하고, 그로 인해 세상에 죄악이 흘러넘침으로 인해 하나님이 물로 세상을 심판하실 때 땅도 숨을 쉬지 못했고, 또 자신을 터전으로 삼은 생명체들이 죽는 것을 보고 있어야만 했다. 물이 걷혔을 때 땅은 자신을 기반으로 해서 생명체들이 살아갈 수 있도록 터전과 열매를 제공했다.

인간이 아무리 못났어도 하나님은 인간을 포기할 수 없었고,

그 인간을 통해 땅과 세상을 구하려 하신다. 믿음의 조상 아브라함부터 훗날의 모든 사람에게 하나님께서 주신 약속은 땅이었다. 내 것이 없이 사는 노예와 같은 사람들에게 자신의 소유가 있게 하시고, 나그네와 같은 삶을 사는 인생에 땅이 주어지고 정착할 수 있다는 것이 얼마나 큰 기쁨이고 행복이던가? 하나님이 통치하시고 함께 하시는 그 땅은 이른 비와 늦은 비로 풍성함을 주었고, 그 땅에서 살고 있음 자체가 하나님과의 언약은 유효함을 의미했다.

신명기 29장 22~29절에 따르면 땅 위의 재앙과 피폐함은 땅의 문제가 아니라 은총을 입은 인간들이 언약을 버리고, 하나님이 아닌 우상을 섬기고, 불의를 저질렀기 때문이라고 하시며 레위기 18장 24~30절은 땅이 인간을 토할 것을 경고하신다. 이렇게 땅은 하나님과 인간, 인간과 인간, 인간과 피조물의 관계를 알 수 있는 척도이며 인간의 신앙, 윤리, 정의 실천의 증거가 된다.

묵상을 위한 질문

• 창조 환경의 보전을 위한 일상에서 나의 역할은 무엇일까?

• 우리의 삶의 윤리와 신앙은 하나님께 뿌리를 두고 있는가?

• 우리는 세상의 모든 피조물에 행복과 평화의 사도로 살고 있는가?

한 줄 기도

주님, 우리에게 창조 환경을 맡기실 때도, 구원의 은총을 베푸실 때도 우리의 능력 때문이 아닌 전적으로 은혜임을 믿습니다. 하나님은 손길과 숨결이 머무는 창조 환경에서 하나님을 발견하고 동행하게 하소서. 아멘

전종찬(고창중앙교회 목사)

사람은 세상을 다스리는 청지기입니다

예레미야 12:4

언제까지 이 땅이 슬퍼하며 온 지방의 채소가 마르리이까 짐

승과 새들도 멸절하게 되었사오니 이는 이 땅 주민이 악하여

스스로 말하기를 그가 우리의 나중 일을 보지 못하리라 함이

니이다

묵상 글

예레미야는 "언제까지 이 땅이 슬퍼하며 온 지방의 채소가 마

르리이까"(렘 12:4)라고 탄식하고 있다. 이는 악인들로 말미암은

재앙을 두고 탄식하는 말이다. 유다 백성들의 죄악의 결과가 지면의 식물에까지 미치고 있다는 뜻이다. 즉 식물이 마르고 각종 짐승이 죽는 것은 유다 백성들의 죄 때문이며, 이는 하나님의 심판이 시작되었다는 징조가 된다는 의미이다.

그리고 "이 땅 거민이 악하여 스스로 말하기를 그가 우리의 결국을 보지 못하리라"(렘 12:4)라고 하였다. 땅 위의 채소와 공중의 새가 자신들의 죄로 인해 죽어감으로써 유다에 대한 하나님 심판의 명백한 증거가 목전에 펼쳐지고 있음에도 불구하고, 자신들의 안전에 대해서 확신하고 있는 어리석은 백성들의 모습이다. 즉 악한 자들의 번영(렘 12:1-2)은 영원히 지속되고 하나님의 심판은 자신들을 결코 멸망하게 하지 못할 것이라고 확신하고 있는 것이다.

악한 자들로 인해 채소가 마르고 짐승과 새들이 멸절하고 생태계가 파괴되는 것은 하나님의 창조세계가 유기체로 되어 있다는 것이다. 창세기 1장 28절에서 "하나님이 그들에게 복을 주시며 하나님이 그들에게 이르시되 생육하고 번성하여 땅에 충만하라, 땅을 정복하라, 바다의 물고기와 하늘의 새와 땅에 움직이는 모든 생물을 다스리라 하시니라"라고 하셨다. 하나님은 세상을 지으시고 그것을 사람에게 다스리도록 하셨다. 이것은 사람이 주인이 되어 자연을 자기 마음대로 하라는 것이 아니었다.

세상을 지으신 하나님께서 온 세상을 사람에게 위임해 주신 것이다. 이 다스림은 하나님과 맺은 정의와 사랑의 계명을 바탕으로 하나님 나라를 향해서 맡겨진 것이다. 그러므로 사람은 이 계명을 언제나 기억하면서 하나님의 뜻에 합당하게 피조세계를 다스려야 한다. 사람에게 피조세계를 다스릴 자유가 주어져 있으나 이 자유는 사랑이 깊은 하나님의 약속 안에서 드러나야 한다. 사람은 종이 아니라 자유인으로서 섬김을 통해서 피조세계를 다스려야 한다.

그런데 인간은 교만하여 유감스럽게도 정의와 사랑의 계명을 잊어버리고 성경을 잘못 이해한 결과, 오늘날의 생태계 위기를 맞이하게 되었다. 자연도 인간과 같이 하나님의 피조세계임을 잊어버린 채 자연을 정복의 대상으로만 취급했다. 너무나 인간 중심적인 이해였다. 이러한 성경 이해는 발전의 깃발 아래 기술 개발을 통한 자연파괴에 힘을 실어주었다. 자연을 다스리라는 하나님의 계명을 잘못 이해한 나머지 자연을 마구잡이로 정복한 책임을 어찌할 것인가?

사람은 하나님이 지으신 피조물 가운데 하나다. 피조물로서 사람의 몸은 다른 모든 피조물의 몸과 유기적으로 연결되어 있으며, 그렇기에 사람은 다른 모든 피조물과 생명공동체로 지음받았다. 그러므로 자연파괴는 곧 인간의 죽음을 가져오며 동물의 죽음을 가져온다. 하나님은 이 땅이나 짐승들에게 직접 복을 내리시는 대신 사람에게 복을 내리셔서 그 사람으로 하여금 자연이 복을 받고 짐승들이 복을 받게 하신다. 그러므로 하나님으로부터 자연을 다스리고 정복하라고 위임받은 대리자로서 그리고 청지기로서 우리는 세상 모든 피조물을 사랑으로 감싸고 하나님의 영광을 향해서 다스려야 하는 것이다. 사람이 지음 받은 대로 하나님 형상을 피조세계에 제대로 드러내면 하나님의 영광이 모든 피조물을 통해서 나타나게 된다.

악한 자들로 인하여 자연이 파괴되어 마실 물이 없고 먹을 채소가 없고 짐승과 새들도 멸절하는 재앙이 초래되고 있음에도 그들은 자신의 죄를 깨닫지 못하고 하나님의 창조질서를 파괴하며 하나님을 무시하고 있다. 그러기에 예레미야의 탄식이 우리의 탄식이 되어야 한다.

악한 자들은 도대체 이 땅이 언제까지 더 슬퍼해야 하며, 들녘의 모든 풀이 말라 죽어야 옳겠습니까? 이 땅에 사는 사람들이 흉악하기 때문에 온갖 짐승과 새떼도 멸절해 가고 있습니다. 그런데도 이 땅에 사는 사람들은 깨닫지 못하고 오히려 이런 소리까지 합니다. '예언자들이 떠드는 소리가 맞은 적은 한 번도 없었다'(렘 12:4).

오늘날 자연과 사회가 황폐화되어 가는 이유 중의 하나는 이러한 교만한 자들의 악행 때문으로, 이처럼 자신을 과신하고 하나님의 통치를 우습게 여기는 자들은 하나님의 준엄한 심판을 결코 모면할 수 없다. 이 자연이 살아나고 사람이 살기 좋은 아름다운 환경을 회복하기 위해서는 악한 자들이 하나님의 심판을 두려워하여 속히 죄의 길에서 돌아서야 한다. 그리하여 자연을 악한 자들의 탐욕에서 놓아주어야 한다. 그리하여 채소가 싱그럽게 살아나고 짐승과 새들도 노래하며 춤추는 세상이 되게 해야 한다. 중요한 것은 하나님의 창조질서대로 그리고 하나님의 뜻대로 자연을 다스리고 지키며 보호해야 한다. 자연과 사람은 유기체라는 사실을 기억하고, 교만하여 흉악한 죄로 자연을 파괴하는 것이 아니라 자연을 사랑하고 보호하고 지킴으로 우리 인간도 살기 좋은 환경에서 건강하게 행복하게 살 수 있음을 잊지 말자. 그리하여 예레미야의 탄식이 아름다운 자연을 주신 하나님께 감사하고 찬양함으로 바뀌게 하자.

묵상을 위한 질문

- 자연의 주인이 누구입니까? 나는 주인입니까? 청지기입니까?
- 왜 자연이 파괴되어 채소가 신음하며 동물들이 신음하고 있습니까?

- 생태계와 사람은 어떤 관계입니까?

한 줄 기도

하나님, 인간의 탐욕과 교만으로 이 땅이 슬퍼하고 있습니다. 주여, 창조자이신 하나님의 말씀에 귀를 기울이게 하시고 하나님의 심판을 두려워하게 하사 하나님의 창조세계를 사랑하게 하시고 자연과 사람이 유기체임을 기억하고 자연을 보호하고 잘 지켜서 하나님의 대리자로, 청지기로서 사명을 잘 감당하게 하소서. 아멘

윤재덕(울산비전교회)

이 땅이 슬퍼하며

호세아 4:1-3

이스라엘 자손들아 여호와의 말씀을 들으라 여호와께서 이 땅 주민과 논쟁하시나니 이 땅에는 진실도 없고 인애도 없고 하나님을 아는 지식도 없고 오직 저주와 속임과 살인과 도둑질과 간음뿐이요 포악하여 피가 피를 뒤이음이라 그러므로 이 땅이 슬퍼하며 거기 사는 자와 들짐승과 공중에 나는 새가 다 쇠잔할 것이요 바다의 고기도 없어지리라 살면서 제일 무서운 게 사람이다. 그중에서 제일 무서운 사람은 잘 모르면서도 소신이 있다는 사람이다. 게다가 하나님을 믿는다면서 자기 영성이 최고라는 사람은 더 무섭다. 책 한 권만 읽고서도 아는 것을 자랑하는 인간이기에 하나님은 성경을 66권으로 주셨다. 사람은 평생 배워야 하지만, 신앙인은 진리를 알기를 더 많이 힘써야 한다. 사람은 돈과 기회와 배경이 없어서 망하기보다 진리를 모르기 때문에 망한다. 그러므로 성도는 항상 바른 것에 귀 기울일 줄 알고, 폭넓게 바로 알기를 힘써야 한다. 많이 아는 것보다 바로 아는 것이 중요하다. 이단에 미혹되는 것도 바로 알지 못해서 생기는 문제다.

진리의 대적은 무지다. 이스라엘의 영적인 음행과 멸망의 핵심 원인은 무지였다. 1절 말씀을 보면 하나님께서 이 땅 주민과 논쟁하신다고 하는데, 이는 하나님과의 언약을 깨고 우상숭배에 빠진 북이스라엘을 책망하시는 말씀이다. 무엇을 책망하셨는가? 그들에게 진실과 인애와 하나님을 아는 지식이 없음을 책망하셨다. 진실과 인애와 하나님을 아는 지식이 없으면 저주, 속임, 살인, 도둑질, 간음, 포악, 피의 보복이 끊이지 않아 인간관계가 파괴된다(렘 4:2). 또한 도덕적인 타락으로 땅이 슬퍼하고 저주받아 자연계가 쇠잔하고 피조물이 멸절하여 자연생태 관계도 무너진다(렘 4:3, 렘 4:23-28).

그러면 우리는 어떻게 해야 하는가? 사람은 다 죄인이기에 사회와 자연계의 파멸에 대해 사람끼리 다투거나 책망함으로 해결책을 찾으려 하지 말아야 한다. 하나님의 심판에 대해 서로 책임 전가하며 비난하기를 멈춰야 한다. 책임 전가는 정신적인 바이러스를 전염시키는 것으로서 문제 해결에 도움이 안 된다. 책임 전가로 업적을 쌓으면 문제도 쌓이지만, 자기 성찰과 회개를 앞세우면 하나님의 개입으로 문제가 해결된다. 그러므로 성도는 자기 성찰과 회개를 위해서 늘 말씀을 가까이해야 한다.

말씀을 가까이하려면 무엇보다 "하나님! 말씀하소서. 제가 듣겠습니다"라는 순종하는 마음으로 말씀을 들어야 한다. 사람도 말을 잘 들으면 정이 가듯이 하나님도 말씀에 순종하고 헌신하면 마음을 주시고 은혜와 복도 넘치게 내려 주신다.

하나님이 하나님의 형상대로 남자와 여자를 창조하시고, 에덴동산을 경작하고 지키라는 동산지기의 사명을 주셨다(창 1:27-28, 2:15). 간디의 말처럼 "지구는 모든 사람의 필요를 위해서는 충분하지만, 모든 사람의 탐욕을 위해서는 충분하지 못하다." 우리가 하나님을 사랑하기 위해 땅 사랑과 이웃사랑으로 서로를 섬기고 돌볼 때만이 그 사명을 감당할 수 있다.

묵상을 위한 질문

· 땅이 슬퍼하게 된 원인은 무엇인가?

· 하나님이 주신 동산지기의 사명은 어떻게 감당할 수 있는가?

한 줄 기도

주님, 날마다 말씀을 통해 진실과 인애와 하나님을 아는 지식을 깨닫고 지구와 가난한 자들의 울부짖음에 귀 기울이며 하나님의 동산지기로서 사명을 잘 감당하게 하소서. 아멘.

최창해(조양중앙교회 목사)

지금 여기에도 하나님은 계십니다

마태복음 5:5

온유한 자는 복이 있나니, 그들이 땅을 물려 받을 것이라

묵상 글

성경에 온유한 자가 나온다. 온유한 것은 연약함이 아니다. 소심함이 아니다. 유순함도 아니다. 오히려 이것들은 선을 행하기보다 타협하게 한다. 또 온유함은 완고함과 사나움과 복수심과는 반대이다.

온유는 자기를 비움으로 자기를 부인하고 자기 십자가를 지

는 것이다. 그런 까닭에 진정한 온유함은 은혜의 결과이다. 온유함은 예수님의 성품이다. 온유는 온유하신 예수님을 닮아 감이다. 닮아 가려면 더욱 사랑하는 것이 최고의 방법이다.

그렇다면 온유한 자에게 주시는 복은 무엇일까? 땅을 기업으로 상속받는 것이다. 땅을 기업으로 받는다는 것은 여의도 땅, 강남의 땅을 준다는 것이 아니다. 그것보다 더 좋은 것이다. 왜냐하면 새 하늘과 새 땅을 기업으로 주신다는 의미이기 때문이다. 이러한 새 땅은 오직 예수님과 동행하는 온유한 자에게 주시는 기업이다.

강남의 땅 부자가 자녀들에게 효도를 잘하면 잘할수록 각각 땅 만 평, 십만 평, 백만 평을 상속으로 주겠다고 한다면 어떨까? 아마도 여러분이 생각하고 상상하는 것이 맞을 것이다. 그런데 예수님을 잘 믿고 온유하고 겸손하신 예수님을 닮아 가는 사람에게 새 땅, 세상에 속하지 않는 땅, 영원히 쇠하지 않는 땅을 기업으로 주겠다고 하신다. 그 약속을 정말 믿는다면 우리 삶은 어떻게 될까? 분명한 것은 우린 확실히 온유해질 것이다. 하나님이 지금 여기에도 계시기 때문이다.

개인적으로 운전을 배운 초기에 운전을 잘못 배웠다. 아주 거칠게 배웠다. 결혼하고 아내는 내게 운전 습관을 고칠 것을 요청했다. 내 운전이 너무 무섭다는 것이다. 노력했지만 쉽지 않앉다. 원래의 습관이 참 무섭다. 처음에는 '부드럽게 운전해야지' 생각하지만, 운전하다 보면 어느 순간에 아주 거칠게 운전하는 나를 발견하곤 했다. 사람은 변하기 참 어렵다. 이런 거친 운전 습관은 결국 사고를 불러왔다. 강원도 집회를 다녀오는 길에 눈과 얼음으로 범벅이 된 고속도로에서 차가 360도 빙빙 도는 경험을 하게 되었다.

어느 날 차를 탔는데 운전대에 이런 메모가 붙어 있었다. "지금 여기에도 하나님은 계십니다." 아내가 붙여 둔 메모였다. 순간 무척 당황했다. 그리고 성령이 주시는 음성이 내면에 들려왔다. '상갑아, 네가 운전하는 순간에도 나와 동행하기를 원한다.' 그때부터 많은 것이 달라졌다. 하나님께서 운전하는 순간에도 지켜보고 계신다고 생각하니까 거칠게 운전하는 습관이 점점 부드러워지기 시작했다. 100대의 차가 앞지르기하면 다시 앞지르기를 90번 정도는 했는데 6개월 만에 9번 정도로 줄었다. 지금 여기에도 하나님은 계신다는 사실을 기억하자 운전을 하면서 거칠었던 내면이 많이 온유하고 겸손해졌다. 지금은 3% 수준으로 줄었다. 여전히 부족하고 연약하다. 그리고 운전대를 잡으면 더 온유해지기를 소원한다. 그래서 자주 나에게 말하곤 한다.

"지금 여기에도 하나님은 계십니다."

온유해지고 싶은가? 그렇다면 항상 이렇게 생각하는 것이 필요하다. '지금 여기에도 하나님은 계십니다.' 오늘 세상에 물들고 찌들대로 찌들어 거칠게 인생을 운전해 가는 우리가 온유하고 겸손하신 예수님을 닮아 가기 위해서 기억해야 하는 것은 어쩌면 이런 메시지가 아닐까? "지금 여기에도 하나님은 계십니다."

묵상을 위한 질문

- 현실을 보면 화가 나는 일들이 너무 많다. 그래서 화를 낼 때도 종종 있다. 그러나 그리스도인으로 온유해지려면 나에게 구체적으로 무엇이 필요할까?
- 우리가 살아가는 세상은 땅 투기와 집 투기로 가득하다. 동산과 부동산을 추구하는 시대에 하나님 나라를 추구하는 것은 어떤 의미일까?

한 줄 기도

하나님, 저희는 하나님 나라를 유업으로 상속받는 자로서 온유함을 갖추기보다 세상의 땅을 한 평이라도 더 차지하기 위해 씨름합니다. 저희가 온유함을 추구하게 하소서. 아멘.

이상갑(산본교회 목사)

창조의 부르심에 응답하는 그리스도인

더불어 함께 살아가기

마가복음 1:13

광야에서 사십 일을 계시면서 사탄에게 시험을 받으시며 들

짐승과 함께 계시니 천사들이 수종들더라

묵상 글

  예수님께서 세례를 받으신 후 성령 하나님께 이끌려 광야로

나아가셨다. 광야는 전통적으로 이스라엘 사람들에게 하나님과

대면하는 곳, 하나님의 말씀과 씨름하는 곳으로 여겨졌다. 척박

하고 메마르고 황량한 땅 광야, 이곳은 오직 하나님의 도우심이

아니면 살 수 없는 곳이고 그래서 더욱 하나님만 바라보고 하나님께 온전히 집중할 수 있는 곳이다. 이곳에서 어떻게 살아내느냐에 따라 광야는 새로운 연단과 훈련의 장이 되기도 한다. 광야는 사탄의 시험이 있는 곳이기도 하다. 사탄의 시험을 이기지 못하면 광야는 말 그대로 하나님의 뜻과 멀어지는 공간이 되고, 하나님과 단절된 관계의 고통을 느끼며, 깨어지고 부서진 세상을 만들어내는 곳이 되기도 한다. 우리가 살아가는 인생과 온 세상을 광야로 비유할 수 있다. 하나님의 연단으로 새로워지는 재창조의 공간이 되기도 하고, 사탄의 시험으로 파괴와 단절의 공간이 되기도 한다. 광야는 이렇게 이중성을 지니고 있다.

우리의 신앙과 믿음은 누구와 함께, 무엇을 하느냐에 따라 그 결이 달라진다. 예수님의 다른 이름 임마누엘은 '하나님이 우리와 함께 하신다'는 뜻이다. '함께', '같이'의 가치는 하나님 나라의 중요한 원리이다. 삼위일체 하나님도 '우리'로서 함께 하심의 의미를 담고 있다. 하나님은 홀로 완전하시지만, 인간을 비롯한 피조물과 함께하시고자 온 만물을 창조하셨다. 그리고 인간을 비롯한 모든 피조물이 하나님과 함께하기를 원하셨다. 광야의 40일간 예수님은 들짐승과 함께 하셨다. 창조주이자 구원자께서 '함께' 하셨다는 것은 그 자체로 특별한 그림 언어를 보여준다. 창조와 창조세계의 보존과 관리, 그 모든 주권이 하나님께 있다.

하나님은 하나님의 그 주권을 인간에게 대리 통치하도록 맡겨 주셨다. 하나님의 통치와 다스림은 광야 같은 세상, 피조세계 속에서 예수님께서 행하셨던 대로, '함께'함으로 회복이 일어난다. 그 가운데 자연과 사람의 만남, 인간과 하나님의 만남, 땅과 하늘의 신비가 만나고, 만물의 회복과 하늘의 섭리가 이루어질 것이다.

우리는 기꺼이 광야의 훈련을 받고자 하는지, 광야 같은 세상 속에서 하나님의 다스림을 회복하고자 하는지, 하나님의 창조로 만들어진 온 세계와 함께하고자 하는 보존과 보호의 마음을 갖고 있는지 되물어보아야 한다. 그럴 때 우리의 거룩한 걸음에 천사를 통해 힘을 더해주실 것이다.

묵상을 위한 질문

• 나에게 광야는 하나님의 연단과 사탄의 시험 공간 중 어느 쪽에 더 가까운가?

• 나의 일상생활 광야 현장에서 하나님과 함께, 더불어 피조세계와 함께 하는 구체적인 모습은 어떤 부분이 있는가?

한 줄 기도

주님, 주님처럼 우리가 살아가는 광야 같은 현장에서 하나님의 뜻을
붙들고 살아가며 이 피조세계와 함께 하나님의 뜻을 이루어가게 하소
서. 아멘.

정준(신안교회 목사)

대림 4주

12/19~25

아기 예수님이 오실 구유 꾸미기 또는 일상의 성소 만들기

"너희가 가서 강보에 싸여 구유에 뉘어있는 아기를 보리 니 이것이 너희에게 표적이니라 하더니"(누가복음 2:12).

우리는 지금 성탄절로 가는 길목에 있는 대림절에 있으며 메시아가 포 대기에 싸여 겸손히 우리에게 오실 것입니다. 우리의 크리스마스 전통 중 하나는 우리가 사랑하는 사람들에게 아름답게 포장된 선물을 제공하 는 것입니다. 불행히도, 이 전통은 포장지를 만들기 위해 수만 그루의 나 무를 베어내어 만듭니다. 올해에는 신문이나 오래된 포스터와 같은 선 물 포장을 위한 대안을 찾아보시기 바랍니다. 재사용이 가능한 수건이 나 선물가방을 포장지 대용으로 사용해보시면 어떨까요. 선물을 포장할 때 숲이 고갈되지 않도록 창의적으로 포장합시다.

만물을 통해 하나님을 드러내십니다

로마서 1:20

창세로부터 그의 보이지 아니하는 것들 곧 그의 영원하신 능력과 신성이 그가 만드신 만물에 분명히 보여 알려졌나니 그러므로 그들이 핑계하지 못할지니라

묵상 글

죄에는 심판이 있습니다. 하나님의 진노가 심판으로 나타납니다. 심판을 받는 자들 가운데 하나님에 대하여 들은 적이 없으니 억울하다고 할 자들도 있을 것입니다. 그러나 하나님께

2021년 대림절 묵상집

서는 하나님을 알 만한 것을 그들 속에 이미 보이셨다고 말씀하십니다.

이는 자연 계시에 관한 말씀으로 하나님은 보이지 않지만, 하나님의 영원한 능력과 신성을 그 만드신 만물에 분명히 보여 알게 하셨다는 것입니다. 우주와 천체, 천지 만물을 보면 창조주 하나님의 능력을 느낄 수 있습니다. 생명체 하나하나에 하나님의 신비로움이 나타나 있습니다. 그를 통해 하나님의 존재를 깨닫게 됩니다. 그러므로 하나님을 몰랐다고 핑계할 수 없는 것입니다.

시편 8편에서 다윗은 "여호와 우리 주여 주의 이름이 온 땅에 어찌 그리 아름다운지요 주의 영광이 하늘을 덮었나이다"라고 노래합니다. 초대교회 교부였던 터툴리안은 자연에 대하여 "창조 사역으로부터 온 신에 대한 지식"이라 했습니다. 믿음의 사람은 하늘과 땅을 보며, 하나님께서 창조하신 모든 것을 보며 하나님의 영광을 봅니다. 그 하나하나의 아름다움을 보고 경탄합니다. 하늘에 떠 있는 구름, 달과 별, 초록초록한 나무들과 산을 통하여 창조주 하나님의 능력을 발견합니다.

그러나 불의한 사람들은 그 모든 것을 바라보아도 하나님을 발견할 수가 없습니다. 자기의 힘을 의지하여 창조주 하나님을 대적하기 때문입니다. 구름을 보아도 철 따라 비를 내리시는 하나님의 은혜를 발견하기는 고사하고, '어떻게 하면 스스로 구름을 만들어 비를 내리게 할까'를 생각합니다. 달은 정복의 대상이 되며 별은 탐사의 목적지가 됩니다. 나무는 베어서 가구를 만들고 목재와 종이를 만드는 도구가 됩니다. 만물에 깃들어 있는 하나님의 신성과 능력과 은혜는 그 뒤로 감추어집니다.

하나님의 손길을 보면서도 하나님을 발견하지 못하고 하나님을 부정하는 자들의 죄는 고의적인 죄라는 것입니다. 그러므로 핑계하지 말라는 것입니다. 하나님은 핑계하는 자들에게 진노하십니다.

하나님께서는 오늘날 우리에게 "만물 속에 깃든 하나님의 능력과 신성을 발견하라"고 말씀하십니다. 지금 우리가 숨 쉬고 있는 공기 속에, 해와 달과 별 안에, 나무와 산과 천지 가운데, 모든 생명 가운데서 하나님의 창조 능력과 절대적 신성을 발견하는 것이 축복이요, 은혜입니다.

묵상을 위한 질문

• 당신에게 보이지 않는 하나님을 발견할 수 있는 가장 좋은 곳은 어디입니까?

• 하나님의 능력과 신성이 드러난다는 피조물에 대한 우리의 자세는

어떠해야 할까요?

• 가끔 하늘을 보고 달을 보고 별을 보며 살고 계신가요?

한 줄 기도

창조의 주님, 주님께서 우리에게 허락하신 만물을 보며 하나님을 발견하게 하시고 알게 하시고 주님의 영광을 드러내는 피조물이 되게 하소서. 아멘.

정진희(샘터교회 목사)

피조물의 탄식

로마서 8:22-23

피조물이 다 이제까지 함께 탄식하며 함께 고통을 겪고 있는

것을 우리가 아느니라 그뿐 아니라 또한 우리 곧 성령의 처

음 익은 열매를 받은 우리까지도 속으로 탄식하여 양자될 것

곧 우리 몸의 속량을 기다리느니라

묵상 글

로마서 8장에는 세 가지 차원의 탄식이 나오고 있다. 피조물

이 다 이제까지 함께 탄식하며 함께 고통을 겪고 있다(롬 8:22).

2021년 대림절 묵상집

성령의 첫 열매를 받은 우리도 탄식하여 양자될 것 곧 우리 몸의 속량을 기다린다(롬 8:23). 심지어 성령도 말할 수 없는 탄식으로 우리를 위하여 친히 간구하신다(롬 8:26). 이 모든 탄식이 우주에 가득 찼다. 온 지구촌이 아픔으로 신음하고 있다.

하나님께서 보시기에 좋았던 창조의 세계가 어찌 이렇게 되었는가! 원래 자연은 영성으로 충만했었다. 예수님은 자연 만물 속에서 하나님 나라의 모형과 원리를 보셨다. "하늘 나는 새를 보라!" "들의 꽃들을 보라!" 예수님은 그렇게 감탄하시면서 그 자연 속에서 하나님 아버지의 풍성한 사랑과 예술성을 보셨다. "천국은 마치 밭에 갔다 심은 겨자씨와 같단다!" 겨자씨 속에서 영원한 하나님 나라를 보시다니 얼마나 놀라운 시선인가! 심지어 예수님은 누룩을 보시면서도 천국을 보고 계셨다. 자연은 하나님을 노래하고, 우리는 그 속에서 영적 세계가 창조주의 손길 속에 펼쳐지는 것을 보아왔다. 그런데 이제는 탄식이 온 땅에 가득하다. 이것이 죄악이 망가뜨린 지구촌의 모습이다. 자연과 인간과 하나님이 아파하고 있다. 이것을 어떻게 해결할 수 있단 말인가!

이것을 위해서 우리는 회개하는 탄식으로 우리 몸의 속량을 기다린다. 진실한 회개, 즉 하나님을 향하여 돌아서는 것만이 이 지구촌의 탄식을 멈추게 할 수 있다. 하나님으로 만족하고 하나님을 구하고 하나님을 경외하는 마음이 들기 전에는 피조물들의 탄식을 멈추게 할 수 없다. 교만과 탐욕을 버리고 회개하여 하나님께 돌아가는 길만이 희망이다. 이는 솔로몬의 성전 낙성식이 다 끝난 후 하나님께서 그 예배를 받으시고, 하늘과 땅에 재앙이 내릴 때 그 해결 방법을 가르쳐 주셨다.

> 혹 내가 하늘을 닫고 비를 내리지 아니하거나 혹 메뚜기들에게 토산을 먹게 하거나 혹 전염병이 내 백성 가운데에 유행할 때에 내 이름으로 일컫는 내 백성이 그들의 악한 길에서 떠나 스스로 낮추고 기도하여 내 얼굴을 찾으면 내가 하늘에서 듣고 그들의 죄를 사하고 그들의 땅을 고칠지라(대하 7:14)

회개로 말미암아 죄 사함을 받으면 하나님께서 땅을 고치신다고 약속하셨다. 즉, 지구촌의 모든 슬픔은 인간들의 회개만으로 치유가 가능하다. 질병과 자연재해와 땅의 황폐함은 진실한 회개를 통해서 회복이 가능해진다는 것이다. 다른 것들을 추구하던 인생들이 하나님의 얼굴을 구할 때 응답이 이루어진다. 하나님과 인간의 관계가 회복되면 자연과 인간의 관계와 인간과 인간의 관계가 다 회복되고 탄식이 사라지게 된다. 악한 길에서 떠나야 살 수 있다. 스스로 낮추고 기도해야 한다. 우리에게는 길이 없으므로 하나님의 얼굴을 찾아야 한다. 그러면 하나님께서 약속하신 대로 죄를 사하시고 땅을 고치실 것이다.

묵상을 위한 질문

- 최근에 자연이나 나 자신이나 성령의 탄식을 느낀 적이 있는가? 그 원인이 무엇이라고 생각하는가? 물리적 현상 속에 있는 영적 원인에 대해 생각해 보라!

- 하나님께서 제시한 자연재해에서 구원을 얻는 방법이 무엇이며, 구체적으로 어떻게 실천할 수 있겠는가?

- 지구촌의 모든 슬픔이 인간의 회개로 치유될 수 있는 이유가 무엇이라고 생각하는가?

한 줄 기도

사랑의 하나님 아버지, 어디를 둘러보아도 신음 소리뿐입니다. 우리를 불쌍히 여기셔서 탄식을 간절한 회개로 바꾸어 온 땅이 치유 받게 하소서! 아멘

조동천(예수뿐인교회 목사)

화목하는 사람

요한계시록 21:1

내가 새 하늘과 새 땅을 보니 처음 하늘과 처음 땅이 없어졌

고 바다도 다시 있지 않더라

묵상 글

요한이 환상을 보았는데 처음 하늘과 처음 땅이 없어졌고, 바다도 없어졌다. 오늘날에는 지구 온난화로 인해 기후위기라는 말을 넘어서 기후 재앙이라는 말을 하기도 한다. 오늘을 살아가는 사람들에게 이 말씀은 두려움을 주는 말씀인가? 기후 재앙이

아니라 지구촌 전체가 멸망할 수 있다는 말씀인가? 요한은 환상 중에 새 하늘과 새 땅을 본다. 우리가 사는 이 세상에는 소망이 없으니 하나님 나라만을 바라보고 살라는 말씀인가?

21장 3절에 '함께'라는 말이 세 번이나 나온다. 아담의 죄로 하나님과 사람 사이의 관계가 어그러졌다. 그러나 하나님께서는 사람과 함께 하기를 원하신다. 21장 1~8절은 사람에 대해 말씀하고, 9절부터는 새 예루살렘에 대해 말씀한다. 도시나 환경보다 사람에 대한 것이 먼저 언급된 것을 보면, 하나님의 관심을 알 수 있다. 당시 로마제국의 관심은 도시나 환경에 있었고, 권력의 확장에 있었다. 하나님께서는 그런 로마제국, 세상 제국의 관심이 아니라 하나님의 사람들에게 관심을 두셨다.

사람들과의 관계를 회복하기 위해 하나님은 독생자 그리스도를 이 세상에 보내셨고, 그리스도를 통해서 하나님과 사람 사이의 화목을 이루신다. 그런데 요한계시록 편지를 받아서 읽는 초대교회의 상황은 어둠이었다. 로마제국의 박해로 인해 언제 죽을지 모르는 상황에서 신앙생활을 하고 있었다. '하나님의 공의는 과연 이루어질까?'라는 질문을 하는 사람들에게 21장 7절 "나는 그의 하나님이 되고 그는 내 아들이 되리라"는 말씀은 위로를 주었다. 위기 속에 살고 있지만, 만물을 새롭게 하시는 주님께 소망을 두라고 하신다.

그리스도의 신부로, 자녀로 사는 성도가 하나님 나라를 소망하면서 살아가는 것은 당연하지만, 이 세상에서도 하나님의 자녀로 살아가야 한다. 하나님의 뜻을 묻고, 하나님의 뜻을 듣고, 하나님의 뜻대로 행하며 살아야 한다. 악한 자가 잘 나가는 것처럼 보이고, 선한 자가 고난을 당하기도 하지만, 하나님의 뜻을 헤아려 하나님 나라와 그의 의를 구하며 신앙생활을 해야 한다. "뜻이 하늘에서 이루어진 것 같이 땅에서도 이루어지이다"라고 기도하는 성도는 이웃과도 화목을 이룬다. 하나님과의 관계만 회복되면 된다고 생각하지 않고, 그리스도인이든 비그리스도인이든 모든 사람과 평화롭게 지낸다.

하나님께서는 사람만이 아니라 모든 피조물과의 화목을 이루신다. 하나님의 자녀답게 살아가는 것은 모든 피조물과 함께 공생, 공존하는 것이다. 하나님께서 창조하신 피조세계를 사람의 탐욕으로 파괴하는 것이 아니라, 잘 보존할 수 있도록 최선을 다해야 한다. 탄소 배출을 최소화할 수 있는 '탄소 금식'을 매일의 삶에서 실천해야 한다. 개인만이 아니라 교회 전체가 실천하고, 지역사회와 함께 하는 것이 필요하다.

새 하늘과 새 땅에 대한 소망을 가지고 하나님의 통치 속에서 하나님과 화목하고, 이웃과 화목하고, 피조물과 화목하는 사람이 되어야 한다.

묵상을 위한 질문

• 하나님과의 화목을 위해서 무엇을 할까?

• 이웃과의 화목을 위해서 무엇을 할까?

• 탄소 금식을 위해서 무엇을 할까?

한 줄 기도

주님, 하나님의 통치 속에서 하나님과 화목하고, 이웃과 화목하고, 피

조물과 화목하는 사람이 되게 하소서. 아멘.

조용선(온무리교회 목사)

아름다운 땅, 다름다운 삶

신명기 8:7-20

내가 오늘 네게 명하는 여호와의 명령과 법도와 규례를 지키

지 아니하고 네 하나님 여호와를 잊어버리지 않도록 삼갈지

어다 네가 먹어서 배부르고 아름다운 집을 짓고 거주하게 되

며 또 네 소와 양이 번성하며 네 은금이 증식되며 네 소유가

다 풍부하게 될 때에 네 마음이 교만하여 네 하나님 여호와

를 잊어버릴까 염려하노라

묵상 글

오늘 본문은 영화 〈아바타〉의 판도라행성에 빗댈 만한 아름다운 땅을 소개하고 있습니다. 모세가 힘주어 칭송하는 그 땅은 바로 '젖과 꿀이 흐르는' 가나안. 여기 묘사되는 좋은 땅의 요소들은 고대 근동 사람들이 갈망하던 풍요로운 삶을 상징하지요. 농경 생활에 필수적인 풍부한 물, 윤기 흐르는 기름과 당도 높은 대추야자 꿀 그리고 영화 〈인디애나 존스〉를 촬영한 페트라 인근의 특산물이자 솔로몬의 영화를 빛낸 철광석과 구리.

문제는 풍족하고 안락한 삶은 파괴적인 탐욕을 낳을 수 있다는 것. 본문에서 반복되는 "먹고 배부르다"는 표현은 두 가지 가능성을 담고 있습니다. 첫째, 풍요에 만족하고 감사하며 그 풍요를 주신 하나님을 찬송한다. 계속 이럴 수만 있다면 얼마나 좋을까요. 하지만 시간이 흐를수록 그 반대가 될 가능성이 훨씬 크다는 게 문제입니다. 둘째, 풍요에 취해서 더 좋은 것 더 많은 것을 탐내다가 결국 하나님을 잊어버린다. 하나님 주신 것을 스스로 쟁취한 것인 양 교만하게 된다는 겁니다. 해서, 가나안 복지를 허락하신 그분의 뜻을 저버리고 욕망대로 살아도 된다는 착각에 빠지게 되고.

하나님을 잊어버리는 순간, 풍요는 탐욕을 낳고 탐욕은 파멸을 낳습니다. 탐심은 우상숭배라. 약속의 땅을 재앙의 땅으로 망가뜨린 이스라엘 백성의 어리석은 탐욕을 우리도 반복하고 있는 것은 아닌지. 물질문명의 바벨탑 아래서 지구 몸은 심각한 고열증세와 고지혈증을 앓고 있습니다. 대량생산 대량소비 시스템은 태평양을 뒤덮는 플라스틱 쓰레기를 날마다 배설해내고, 선물로 받은 '아름다운 땅'을 정성껏 지키며 돌보며 가꾸기는커녕 도리어 노예처럼 마음껏 부리며 욕심껏 착취했지요. 그 결과, 지구생태계는 회생불능 상태로 치닫고 있습니다. 우리는 이미 그 대가를 치르기 시작했고.

이집트 제국의 풍요, 그 짙은 그늘 아래서 고통당하는 히브리 노예들을 하나님이 해방시켜 주셨는데. 시내 산에서 언약 백성 삼으시고, 험악한 광야길 친히 인도하시고, 약속하신 가나안을 허락하셨고. 그렇게 죄와 사망의 그늘에서 구원받은 우리가, 그렇게 세상 권세 노예살이에서 해방된 우리가 그 놀라운 은혜를 망각하고 그 고마운 선물을 노예처럼 짓밟다니요.

오늘 본문과 관련하여 밀라노의 교부 암브로시우스가 일갈합니다. "인간이 부끄러운 줄 모르는 탐욕을 끝없이 추구하는 것은 패망의 지름길이다." 종교개혁자 장 깔뱅도 주장했어요. "인간은 넘치는 허영심으로 늘 이성을 잃을 수 있는 존재이기에 하나님은 탐욕에 찌든 인간을 일부러 징계하신다." 때문에, 알렉산드리아의 클레멘스가 역설한 대로 "은총을 입은 하나님의 종들은 절

제력이 뛰어난 사람들로서 하나님 주신 은혜의 선물들을 잘 아끼고 바로 사용하는 이들"임을 명심하라. 이게 모세가 출애굽 2세대에게 신신당부하는 '다름다운 삶'의 요지일 겁니다.

예언자들은 하나님 말씀을 거역하는 백성들에게 자연재앙이라는 이미지로 심판을 경고하곤 했지요. 즉, 탐욕이라는 '다른 신'을 섬기면, 탐욕으로 파괴된 자연이 심판의 도구로 사용된다는 것. 그러므로 창조하시고 구원하시는 은혜를 기억하며 말씀의 뜻에 순종하라. 그리스도 안에서 부요한 삶을 펼쳐주시는 은혜를 감사하며 청지기 사명에 충성하라. 이를 위해 날마다 정욕과 탐심을 십자가에 못 박으라. 날마다 말씀과 기도로 거룩해지라. 날마다 성령으로 충만하여 절제 열매를 맺으라. 하여, 탄식하는 피조물들을 생명 사랑으로 보듬는 하나님의 사람으로 아름답고 다름답게 살아가라.

묵상을 위한 질문

- 우리 안에 도사리고 있는 탐욕들은 구체적으로 무엇이고 어떻게 극복할 수 있겠는가?

- 창조질서를 보전하고 회복하기 위해 마땅히 지녀야 할 마음가짐과 기꺼이 지켜야 할 생활수칙은 무엇인가?

한 줄 기도

주님, 우리는 탐욕에 눈이 멀어 선물로 주신 '아름다운 땅'을 망가뜨리고 말았습니다. 우리 삶의 초점을 물질적 풍요에서 창조주 하나님께로 돌이키게 하소서. 베푸신 은혜를 단단히 기억하며 펼치신 창조질서를 꿋꿋이 지켜내는 '다름다운 삶'이 되게 하소서. 아멘.

주현신(과천교회 목사)

자연에서 하나님을 만나다

욥기 38:1–7

그 때에 여호와께서 폭풍우 가운데에서 욥에게 말씀하여 이
르시되 무지한 말로 생각을 어둡게 하는 자가 누구냐 너는
대장부처럼 허리를 묶고 내가 네게 묻는 것을 대답할지니라
내가 땅의 기초를 놓을 때에 네가 어디 있었느냐 네가 깨달
아 알았거든 말할지니라 누가 그것의 도량법을 정하였는지,
누가 그 줄을 그것의 위에 띄웠는지 네가 아느냐 그것의 주
추는 무엇 위에 세웠으며 그 모퉁잇돌을 누가 놓았느냐 그
때에 새벽 별들이 기뻐 노래하며 하나님의 아들들이 다 기뻐
소리를 질렀느니라

묵상 글

우리는 하나님의 계시를 통해서만 하나님을 알 수가 있다. 성경을 통한 특별계시 외에도 인간의 양심과 역사와 자연을 통한 일반계시가 있다. 욥기는 의로운 욥에게 닥친 고난으로 인해 하나님께 질문하는 욥에게 창조주의 위대함으로 답변하는 하나님이 계시되고 있다(욥 38장). 욥기는 하나님께서 만물의 창조주이심을 전제하고 있다. 또한 욥기에는 지질학이나 지구물리학이라 불릴 만한 이론이 언급되어 있다. 그래서 헨리 모리스는 욥기를 "위대한 과학서"라고까지 말했다.

하나님은 땅의 기초를 놓으신 분이다. 우주와 천체를 그분의 손으로 창조하셨다. 별자리들을 제 때에 이끌어 내시는 분이 하나님이시다(욥 38:31-33). 고대인들은 신에 의해 조종되는 별들의 움직임이 지상 사건에 영향을 준다고 믿었지만, 성경은 별들이 하나님이 정하신 궤도를 따라 움직인다고 말한다. 광학망원경으로는 별의 움직임을 보지만, 믿음의 눈으로는 우주에 충만한 하나님의 위대하심을 본다.

하나님은 생명을 창조하시고 먹이시는 분이시다. 수탉에게 슬기를 주시며, 까마귀를 먹이시는 분이 하나님이시다(욥 38:36-41). 하나님은 창조 때에 각 짐승과 식물들이 자라도록 놀라운 생명의 장치를 장착해두셨다. 세포 하나와 씨앗 하나에도 각각의 모양과 기능이 다 설정되어 있어서 그대로 자란다. 놀라운 신비를 찬양하지 않을 수 없다. 자연과학은 생명을 유전자와 번식으로만 설명하지만 믿음의 사람들은 창조주의 계획과 설계로 바라본다. 인간은 출생도 신비려니와 음식물 섭취로 성장해가고 때가 되면 늙어 죽음에 이르기까지 전 과정이 신비가 아닐수 없다.

하나님은 때를 따라 햇빛과 우로를 내리신다. 우레와 번개도그분의 작품이다. 자연현상 하나에도 하나님의 손길이 닿지 않는 것은 없다. 광야에 비를 내시고 연한 풀이 돋게 하고 이슬방울과 얼음과 서리도 다 하나님이 만드셨다(욥 38:25-30). 아침에돋는 해는 장엄한 하나님의 얼굴과 같고, 폭포에서 흘러내리는거대한 물줄기는 웅장한 하나님의 음성과 같고, 산과 바다의 생물들은 창조주의 위대하심을 찬양하는 관현악과도 같다. 자연이 좋아 산과 바다를 찾는 사람에게는 시각과 후각만을 즐겁게해주지만, 영적인 사람은 하나님과 하나 되는 신비한 연합을 자연 가운데서 누릴 수 있다.

하나님이 만드신 자연에서 우리는 하나님과의 사귐을 갖는다. 하나님과 친밀한 사귐을 누리는 사람이라면 이웃과 더불어사귐을 가지는 것이 마땅하고, 더 나아가 자연과도 사귐을 갖지않을 수 없다. 더 이상 우리는 자연의 지배자나 정복자가 아니라 더불어 창조주 하나님을 찬미하고 경배해야 하는 공동체이다. 그런데 지금 그 피조물인 자연세계가 신음하고 있다. 살려달라고 절규하고 있다.

하나님을 창조주로 고백한다면 우리는 자연에서 하나님의 손길을 발견하고 하나님의 음성을 들을 수 있어야 한다. 자연이 하나님의 피조물임을 믿을진대 자연을 사랑하고 보호하는 것은 그리스도인의 책무이다. 자연훼손과 환경파괴는 하나님의 질서를 무너뜨리는 하나의 범죄행위이다.

올여름은 한낮 최고기온이 37도를 오르내리는 사상 최고의 가마솥더위였다. 원인은 '열돔 현상'이라지만 이는 인간이 자초한 결과이다. 개발이라는 이름으로 무분별한 자연파괴가 오늘의 재앙을 낳았다. 이는 비단 우리만의 문제는 아니다. "지구 종말이 시작됐다"는 탄식이 곳곳에서 나오고 있다. 산불도 나라와 지역을 가리지 않고 발생하고 있다. 그런가 하면 지구촌 곳곳에서 폭우가 쏟아졌다. 이런 기상재해는 시작에 불과하다고 전문가들은 입을 모은다. 이미 북극의 얼음은 거의 사라졌고 지구의 허파인 아마존의 열대우림은 그 본래의 기능을 잃어버린 지 오래다. 이런 일련의 재해에 대해 과학자들은 근본적으론 기후 변화 때문이라고 주장한다.

이처럼 지구 온난화의 위협이 지속되면 그 어떤 처방도 무용

지물이 될 수밖에 없는 날이 오고야 말 것이다. 최근 유엔 산하 기후 협의체인 IPCC가 발표한 기후 변화에 대한 과학적 근거를 보면 지구의 평균 기온은 산업화 이전보다 약 1.1도 높아졌는데, 파리 협정에서 약속한 마지노선 1.5도에서 0.4도밖에 남지 않았다. 2040년이면 1.5도를 넘는다고 전망했다. 20년 안에 통제 불가능한 기후 재앙이 올 수 있다는 말이다.

폭염과 폭우, 산불과 허리케인 등 세계 곳곳에서 들려오는 자연재해 소식은 더 이상 이 세상에 안전지대가 없다는 생각이 들게 한다. 세계를 멈추게 만든 코로나19마저 이상기후의 한 단면이다. 마치 인간이 자연의 주인이라도 되는 것처럼 함부로 살아왔던 결과가 한꺼번에 닥쳐오는 것인지도 모른다. 지금 정신 차리지 않으면 때늦은 후회가 오고 말 것이다. 삶의 현장에서 환경 오염 방지를 위한 작은 실천부터 시작하는 것만이 모두가 함께 살길이다. 그리스도인은 다가오는 자연재해를 통해서도 자연의 신음 소리와 하나님의 경고 소리를 들을 줄 알아야 한다(롬 8:22).

묵상을 위한 질문

- 성경 외에도 하나님을 볼 수 있고 경험할 수 있는 것들은 무엇인가?
- 자연에서 하나님의 손길과 숨결과 아름다움을 느낄 수 있는가?

- 환경파괴로 인한 기후 재앙에서 피조물의 탄식과 우리 주님의 한탄 소리를 들을 수 있는가?

한 줄 기도

주님, 하나님이 창조하신 자연에서 하나님의 위대하심을 발견하고, 그 자연 안에서 주님과 사귐을 갖고 창조질서보존을 위해 그리스도인의 책무를 다하게 하소서. 아멘.

최윤철(시온성교회 목사)

자연은 하나님의 보물창고

마태복음 6:25-34

그러므로 내가 너희에게 이르노니 목숨을 위하여 무엇을 먹을까 무엇을 마실까 몸을 위하여 무엇을 입을까 염려하지 말라 목숨이 음식보다 중하지 아니하며 몸이 의복보다 중하지 아니하냐 공중의 새를 보라 심지도 않고 거두지도 않고 창고에 모아들이지도 아니하되 너희 하늘 아버지께서 기르시나니 너희는 이것들보다 귀하지 아니하냐 너희 중에 누가 염려함으로 그 키를 한 자라도 더할 수 있겠느냐 또 너희가 어찌 의복을 위하여 염려하느냐 들의 백합화가 어떻게 자라는가 생각하여 보라 수고도 아니하고 길쌈도 아니하느니라 그러나 내가 너희에게 말하노니 솔로몬의 모든 영광으로도 입은 것이 이 꽃 하나만 같지 못하였느니라 오늘 있다가 내일 아궁이에 던져지는 들풀도 하나님이 이렇게 입히시거든 하물며 너희일까 보냐 믿음이 작은 자들아 그러므로 염려하여 이르기를 무엇을 먹을까 무엇을 마실까 무엇을 입을까 하지 말라 이는 다 이방인들이 구하는 것이라 너희 하늘 아버지께서 이 모든 것이 너희에게 있어야 할 줄을 아시느니라 그런즉 너희는 먼저 그의 나라와 그의 의를 구하라 그리하면 이 모든 것을 너희에게 더하시리라 그러므로 내일 일을 위하여 염려하지 말라 내일 일은 내일이 염려할 것이요 한 날의 괴로움은 그 날로 족하니라

묵상 글

내가 사는 포항은 10분만 나가면 바다를 볼 수 있다. 어느 바람이 많이 부는 날, 한 카페에 앉아 파도를 보고 있는데 문득 이 파도가 단 한순간도 멈추지 않고 계속해서 밀려온다는 것을 느끼게 되었다. 파도는 쉬지도 않고 계속해서 밀려온다. 어제도, 10년 전에도, 아니 100년 전에도 땅과 바다가 생긴 이래 파도는 끊임없이 멈추지 않고 밀려왔던 것이다. 하나님이 세상을 어떻

게 이렇게 만드셨을까? 바로 그때, 하나님의 성실하심임을 깨닫게 되었다. 하나님의 성실하심으로 하나님은 우리의 보호자가 되시고, 우리의 아버지가 되신다는 사실이 새삼 가슴 벅찬 감동으로 다가왔다.

오늘 본문 말씀은 예수님의 산상수훈이다. 팔복으로 시작하는 이 말씀은 예수님께서 작정하시고 쏟아 내신 명설교이시다. 오늘 본문 말씀은 이 산상수훈 중에 위로와 권면의 말씀이다. 인생의 가장 어리석은 것이 바로 근심과 걱정일 것이다. 근심과 걱정은 일어나지 않은 일을 일어날지도 모른다는 생각으로 미리 걱정하고 근심하는 것이다. 근심의 40%는 실제 일어나지 않는 일이며, 근심의 30%는 이미 일어난 일이고, 26%는 쓸데없는 사소한 일이고, 근심의 단 4%만이 진짜 근심과 걱정이라는 통계가 있다. 근심은 백해무익한 일임에도 불구하고 우리는 인생의 절반을 근심하며 산다. 그런 어리석은 인생들에 예수님은 말씀하신다. "공중의 새를 보라, 들의 백합화를 보라." 과연 어떤 사람들이 공중의 새를 보면서 '새가 잘 클까, 비가 오면 새들이 비를 맞는 것은 아닌가, 뜨거운 여름날에 지치지는 않을까, 저 새들은 겨울에 먹을 것이 없어서 어떻게 하나?' 이런 걱정하는 사람이 누가 있을까? 그런데 새들은 비속에서도 더운 여름에도 추운 겨울에도 아무 문제 없이 잘 자라고 있다는 것이다. 예수님은

창조의 섭리 안에 누리는 풍요함 그리고 감사

말씀하신다. "하늘 아버지께서 그들을 기르고 계시니라." 이것만 큼 확실한 보호자가 어디 있을까? 들의 백합화도 그렇다. 누구 하나 심은 사람도 없다. 정성스레 물을 주거나 거름을 준 사람도 없다. 그러나 들의 백합화가 얼마나 아름답게 피는가? 이 또한 "하늘 아버지께서 돌보시고 계시느니라." 예수님의 말씀이다.

하나님이 언제나 우리와 함께 하시고, 우리가 무엇이 필요하고 무엇이 불필요한 것인가를 아시고 늘 우리의 필요를 채워주시며, 심지어는 우리가 기도하지 않을 것까지도 주시는 분이시라는 이 놀라운 신앙의 교훈을 들에 핀 꽃 한 송이와 공중의 새를 보면서 말씀해 주셨다. 자연 속에는 하나님의 놀라운 영적인 교훈이 숨어 있다. 들의 꽃 한 송이에도, 공중에 날아다니는 새한 마리 속에서도, 끊임없이 밀려오는 파도 속에서도, 시원한 나무 그늘 아래서도, 매일 동일하게 떠오르는 태양 속에도, 하늘에 떠다니는 구름 속에서도 우리는 하나님의 놀라운 손길과 섭리를 그리고 그 영적인 교훈을 깨달을 수 있다.

어릴 때 소풍을 가면 보물찾기를 하곤 한다. 선생님이 갑자기 주변에 보물이 있으니 찾아보라고 하신다. 평범했던 돌 하나, 나무 하나가 달라 보인다. 여기저기를 헤집고 뒤집어보고, 이 각도에서 보고 저 각도에서 보고, 멀리서도 보고 가까이서도 보다 보면 숨겨진 보물이 하나둘씩 나온다. 자연은 하나님의 보물창고이다. 들에 핀 꽃 한 송이에도, 나무 한 그루에도, 거대한 숲길에서도, 눈과 비속에서도, 매서운 바람과 따뜻한 햇살 속에서도 하늘의 지혜를 깨달을 수 있고 우리에게 들려주시는 주의 음성을 들을 수 있다. 날마다 우리의 삶 속에 녹아 있는 하나님의 지혜를 발견하며 살아가는 것도 신앙이 주는 또 하나의 행복일 것이다.

묵상을 위한 질문

- 창을 열고 하늘을 바라보라. 하늘은 오늘 나에게 어떤 교훈을 주는가?
- 지금 나에게 어떤 염려와 걱정이 있는가? 어떻게 그 염려에서 벗어날 수 있을까?

한 줄 기도

주님, 아침마다 대자연을 바라보게 하시고 그 자연 만물 속에서 말씀하시는 주의 음성을 듣게 하소서. 그곳에서 하나님을 발견하고 영적 깊은 교훈을 깨닫게 하소서. 아멘

임정수(포항대도교회 목사)

대림 5주

12/26~31

다가오는 새해를 맞아 탄소제로
생활 계획 세우기

"보라, 날이 이르리니 내가 이스라엘 집과 유다 집에 새
언약을 맺으리라"(렘 31:31).

지금은 "새 언약"을 맺어야 할 때입니다. 우리는 새해 결심을 할 때 다시
한 번 주님께서 우리 가운데 오시는 증인이 되었습니다. 우리는 또한 올
해에 우주의 창조주이신 하나님과 새 언약을 맺도록 초대받았습니다.
진정한 창조의 수호자가 되기 위해 헌신합시다.

* 탄소제로 녹색교회를 위한 자가진단지(교회/개인)를 활용해서 계획을
세우면 더 좋습니다(문의 : ecochrist@hanmail.net)

살리는 사람

누가복음 9:51-56

예수께서 승천하실 기약이 차가매 예루살렘을 향하여 올라
가기로 굳게 결심하시고 사자들을 앞서 보내시매 그들이 가
서 예수를 위하여 준비하려고 사마리아인의 한 마을에 들어
갔더니 예수께서 예루살렘을 향하여 가시기 때문에 그들이
받아들이지 아니 하는지라 제자 야고보와 요한이 이를 보고
이르되 주여 우리가 불을 명하여 하늘로부터 내려 저들을 멸
하라 하기를 원하시나이까 예수께서 돌아보시며 꾸짖으시고
함께 다른 마을로 가시니라

묵상 글

예수님을 자기 마을에 들어오지 못하게 막는 사마리아인을 향해 야고보와 요한이 말한다. "하늘에서 불이 내려 저 마을을 멸하도록 할까요?" 제자들은 자신의 감정이 예수님의 옳은 걸음을 가로막는 사람들에 대한 의분義憤이라고 여겼을 것이다.

오늘날 우리 사회는 진작 '분노 사회'라는 진단이 내려졌을 만큼 모든 사람의 마음속에 이런 분노가 숨어 있다. 그 잠재적 분노는 자신의 '힘'을 쏟아부을 틈새를 찾아 부지런히 움직인다. 힘이면 다 된다는 생각, 사람을 대할 때나 자연 만물을 대할 때나 '힘'이 기준이다. 내가 살아가는 환경—사람이든 자연이든—을 '정복의 대상'으로 보는 세계관 속에서 '공존', '생명'이라는 단어는 한가롭기만 하다.

제자들의 격앙된 목소리가 쑥 들어가게 하는 예수님의 꾸짖음, 어쩌면 제자들보다 더 큰 목소리로 꾸짖으셨는지도 모르겠다. "예수께서 돌아보시며 꾸짖으시고"(눅 9:55) 난하주에는 이런 설명이 붙어 있다.

어떤 고대 사본에는 55절 끝에 다음 말이 있음. "이르시되 너희는 무슨 정신으로 말하는지 모르는구나. 인자는 사람의 생명을 멸망시키러 온 것이 아니요 구원하러 왔노라 하시고."

"인자는 생명을 살리기 위해 걷는데, 너희는 이들을 멸하고자 하느냐", "인자는 예루살렘을 향한 이 길의 끝에서 십자가를 지는데, 너희는 불을 내려 너희 힘을 입증하고자 하느냐" 준엄한 이 예수님의 음성은 힘을 숭상하고 인간과 자연을 정복의 대상으로 보는 우리의 정신을 깨운다.

20세기 가장 영향력 있는 예술가 중 한 명으로 꼽히는 파블로 피카소, 가톨릭 신앙 배경을 가졌던 그가 남겼다고 전해지는 문구가 인상적이다.

Lord, protect me from what I want.

(주여, 내가 원하는 것으로부터 나를 지켜 주소서.)

나의 소원이 내게 주는 동기 부여보다 더 무서운 힘으로 '내가 원하는 것들'의 '횡포'가 나를 이리저리 끌고 간다. 그래서 '내가 원하는 것들'에 끌려다니다 '참 하나님 창조 형상으로서의 나다움'을 놓치게 되는 경우가 많다.

욕망을 이루는 것이 성공이라 생각하는 세상, 욕망에 대한 어떠한 제한도 거부하는 시대를 살아가는 우리에게 자연 만물은 우리가 지켜야 할 바운더리에 대해 이미 여러 메시지를 보내고 있다.

욕망을 이루기 위해 힘을 사용하는 습관을 내려놓고 생명을 살리기 위해 십자가 지신 예수님을 묵상하자. 자연도 이웃도 가족도 '힘'으로 정복할 대상이 아니고, 오히려 내가 '살려야 할' 대상임을 기억하자.

묵상을 위한 질문

• 말씀에 의해 다스림을 받아야 할 나의 욕망은 무엇인가?
• 자연, 이웃, 가족을 '살리는 자'로 부름 받은 내가 오늘 실천할 수 있는 일은 무엇일까?

한 줄 기도

주님, 우리를 살리기 위해 십자가의 길을 걸으신 예수님을 묵상합니다. 저도 '살리는 사람'으로 하루를 살게 하소서. 아멘

홍순영(오정교회 목사)

그리스도 안에서
하나님과 화목될 자연세계

골로새서 1:16-20

만물이 그에게서 창조되되 하늘과 땅에서 보이는 것들과 보이지 않는 것들과 혹은 왕권들이나 주권들이나 통치자들이나 권세들이나 만물이 다 그로 말미암고 그를 위하여 창조되었고 또한 그가 만물보다 먼저 계시고 만물이 그 안에 함께 섰느니라 그는 몸인 교회의 머리시라 그가 근본이시요 죽은 자들 가운데서 먼저 나신 이시니 이는 친히 만물의 으뜸이 되려 하심이요 아버지께서는 모든 충만으로 예수 안에 거하게 하시고 그의 십자가의 피로 화평을 이루사 만물 곧 땅에 있는 것들이나 하늘에 있는 것들이 그로 말미암아 자기와 화

묵상 글

우리는 왜 자연보호를 해야 할까? 자연을 보호하는 일이 기독교인이 할 일인가? 한국에서 전통적인 교회를 다니고 신앙생활을 해온 나는 이런 생각을 했다. 기독교인은 오직 말씀과 기도로 영적인 일에만 집중해야지, 악하고 멸망할 세상에 관심 둘 필요는 없다고 생각했다. 그래서 자연보호는 시민단체가 할 일이지, 믿는 사람이 해야 할 일이라고 생각하지 않았다.

성경에도 나처럼 생각한 사람들이 있었다. 골로새교회 성도들이었다. 그들은 거짓 교사들의 가르침을 받았다. 거짓 교사들은 물질세계는 악하다고 믿었기에 하나님이 그것을 창조하실 수 없다고 생각했다. 만약 그리스도가 하나님이시라면 그는 이런 이유로 오직 영적 세계만을 주관하신다고 생각했다. 그런데 이런 사상이 성도들의 신앙을 심각하게 왜곡시켰다. 하나님의 통치권을 영적 세계만으로 한정하고 세상을 향한 하나님의 통치와 우주적 회복을 도외시하게 된 것이다.

그러나 바울은 하늘과 땅의 만물이 그리스도에 의해 창조되었다고 설명한다. 우리가 볼 수 있는 것들과 볼 수 없는 것들, 보이는 세계와 보이지 않는 세계, 물질적인 다스림이나 영적 힘들까지도 모두 그가 만드셨고, 모두 그의 최종 권위 아래 있다고 말씀한다. 그리스도께서 자연 만물을 창조하시고 다스리시며 지금도 유지하고 계신다면 그리스도의 제자요 종들인 성도들이 자연 세계가 파괴되어 가는 것을 보고 나 몰라라 해서는 안 될 것이다.

하나님께서는 만물과 화해하기를 원하신다. 우리가 하나님과 화해된 것은 우리를 위해 고통당하신 그리스도의 십자가 때문이다. 하나님은 이 화해를 만물에게도 주시기 원하신다. 만물은 창조 때의 아름다운 모습과 달리 망가지고 병들었다. 아담이 범한 죄가 모든 피조물을 그 창조된 완전한 상태에서 떨어지게 만들었기 때문이다. 그래서 세상은 하나님이 의도하신 목적을 성취하지 못하고 썩어지게 되었다(롬 8:19-21). 거짓 교사들의 주장과 달리 하나님은 '하늘과 땅의 모든 만물'을 그리스도 안에서 자기와 화목하게 하시기를 기뻐하신다. 우주 속에 그리스도의 손이 닿지 못하는 것은 없다. 중립지대는 없다. 모든 만물이 그의 능력 아래에 굴복한다. 외부의 어떤 어두운 세력도 그리스도의 사역이나 교회를 결코 무너뜨릴 수 없다. 사탄과 마귀는 하나님과 화해하지 않을 것이며 그들의 끝은 분명하다. 우리는 그리스도의 종들로서 그리고 그리스도의 몸의 지체로서 만물을 하나

님과 화목하게 하시고 회복시키시는 그리스도의 사역을 이루어
가도록 충성하자.

묵상을 위한 질문

- 우리가 창조질서 회복에 관심을 두지 못했던 이유는 무엇인가?
- 그리스도의 몸인 교회의 성도들이 함께 연합하여 할 수 있는 창조
  질서 회복의 일은 무엇인가?
- 창조질서 회복이 온전히 이루어지기까지는 아직도 갈 길이 멀지만,
  그 일을 이루시리라고 약속하신 분이 전능하신 하나님이심을 알 때
  우리의 태도는 어떻게 달라지게 될까?

한 줄 기도

주님, 주님이 이 땅에 가져오신 하나님 나라의 화해와 정의로운 통치
가 교회 안에서만이 아니라 세상 모든 만물 속에도 온전히 이루어지게
하소서. 아멘.

황영태(안동교회 목사)

창조의 목표는 땅의 샬롬이다

창세기 1:9–13

하나님이 이르시되 천하의 물이 한 곳으로 모이고 뭍이 드러나라 하시니 그대로 되니라 하나님이 뭍을 땅이라 부르시고 모인 물을 바다라 부르시니 하나님이 보시기에 좋았더라 하나님이 이르시되 땅은 풀과 씨 맺는 채소와 각기 종류대로 씨 가진 열매 맺는 나무를 내라 하시니 그대로 되어 땅이 풀과 각기 종류대로 씨 맺는 채소와 각기 종류대로 씨 가진 열매 맺는 나무를 내니 하나님이 보시기에 좋았더라 저녁이 되고 아침이 되니 이는 셋째 날이니라

묵상 글

창세기 1장은 하나님께서 창조하신 것들이 하나님이 보시기에 좋았다고 말한다. 이 말이 하루에 한 번씩 나온다. 그런데 예외적으로 둘째 날에는 없고 셋째 날에 두 번 나온다. 왜 그럴까?

창조 이전, 땅은 어둠 속에 있었고 물로 덮여있었다. 여기서 어둠과 물은 혼돈을 의미한다. 첫째 날에 하나님은 빛과 어둠을 나누시고, 넷째 날에는 해와 달과 별들을 만드셔서 낮과 밤을 주관하게 하셨다. 그리하여 혼돈의 어둠이 샬롬으로 바뀌었다. 누구를 위해서였을까? 땅에 사는 모든 존재를 위해서였다.

그럼 땅을 덮고 있던 혼돈의 물은 어찌하셨을까? 둘째 날, 하나님은 하늘을 만드셔서 하늘 위의 물과 하늘 아래 물을 나누셨다. 그러나 여전히 하늘 아래 물이 땅을 덮고 있어 혼돈이 제거되지 않은 상태였다. 하나님이 좋아하실 만한 상태가 아니었다. 그래서 둘째 날에는 하나님이 보시기에 좋았다는 말이 나오지 않는 것이다.

셋째 날, 하늘 아래 물이 한곳에 모이면서 땅이 드러났다. 어둠과 물이 모두 제 자리를 찾고 자기 경계 안에 머무르게 되었고 땅을 덮고 있던 혼돈이 비로소 완전히 제거되었다. 창세기는 이 지점에서 비로소 하나님이 보시기에 좋았다고 말한다(창 1:10). 셋째 날에는 땅에 의한 식물의 창조가 이어지고, 그 식물

역시 하나님이 보시기에 좋았다(창 1:12). 그래서 셋째 날에는 이 말이 두 번 나온다.

하나님의 창조의 주 관심은 땅에 있다. 창조의 혼돈을 샬롬으로 바꾸는 것이다. 온 땅에 샬롬이 이루어질 때 하나님이 비로소 좋다고 하신다. 하나님은 땅을 모든 피조물에게 주셨다. 땅의 식물은 사람과 동물이 나누어 먹으라고 주신 것이다(창 1:29-30). 사람뿐 아니라 새들과 바다생물들도 생육하고 번성하여 땅과 바다에 충만하라는 사명을 받았다(창 1:22). 그리고 사람뿐 아니라 해와 달과 별들도 다스리는 사명을 받았다(창 1:18). 이렇게 땅은 사람만을 위해 창조된 것이 아니다. 사람은 땅을 구성하는 많은 피조물 가운데 하나이며 땅에 샬롬을 이루는 책임을 맡은 존재이다.

창세기 1장 9절에서 하나님은 땅을 뒤덮어 혼돈하게 하는 물을 한곳에 모이게 하신다. 여기서 모인다는 말은 땅이 드러날 수 있도록 물이 땅을 위해 자리를 비켜준다는 뜻이다. 물이 제자리를 찾아갈 때 땅도 제자리를 찾게 된다. 이렇게 모든 피조물이 제자리를 찾을 때 땅에 샬롬이 이루어진다.

창조 이전에 물이 땅을 뒤덮고 있었다면, 지금은 인류가 땅을 뒤덮고 있다. 이것은 샬롬이 아니라 혼돈에 가깝다. 땅의 샬롬을 위해 인류가 제자리로 돌아가야 한다. 바다 위에 떠다니는 플라스틱 조각들을 제자리로 돌려보내야 한다. 사육장에 밀집해 있는 동물들이 정상적으로 숨 쉬며 살 수 있도록 공간을 돌려주어야 한다. 야생 동물들이 사람과 떨어져 살 수 있도록 숲을 보장해 주어야 한다.

묵상을 위한 질문

- 창조의 최종 목표가 땅의 샬롬이라는 말을 어떻게 이해하는가?
- 하나님의 창조는 경계를 짓는 과정이기도 했다. 인류가 창조의 경계를 침범한 사례는 어떤 것이 있을까?
- 자연과 공존하는 삶을 위해 일상에서 우리가 할 수 있는 새로운 선택에는 어떤 것이 있을까?

한 줄 기도

주님, 우리의 마음의 눈을 여셔서 혼돈으로부터 샬롬을 창조하시는 주님을 보게 하시고 우리가 넘어선 창조의 경계선으로부터 발걸음을 돌이키게 하소서. 아멘.

안용성(그루터기교회 목사)

하나님의 숨결로 다시 살아나라

에스겔 37:5-6

주 여호와께서 이 뼈들에게 이같이 말씀하시기를 내가 생기를 너희에게 들어가게 하리니 너희가 살아나리라 너희 위에 힘줄을 두고 살을 입히고 가죽으로 덮고 너희 속에 생기를 넣으리니 너희가 살아나리라 또 내가 여호와인 줄 너희가 알리라 하셨다 하라

묵상 글

김민기라는 노래꾼이 있었습니다. 노래도 만들고 직접 불렀

던 그는 뛰어난 통찰력과 미래를 내다보며 어두운 시대에 예언
자와 같은 마음으로 노래를 불렀던 분입니다. 그분의 노래 가운
데 〈그날〉이라는 노래가 있습니다.

꽃밭 속에 꽃들이 한 송이도 없네
오늘이 그날일까 그날이 언제일까
해가 지는 날 별이 지는 날
지고 다시 오르지 않는 날이…

어제오늘의 이야기가 아닌데 요즘 더 심각하게 다가온 위기
가 있습니다. 지구 온난화, 지구 환경과 기후위기에 대한 이야기
입니다. 프레온 가스에 의해 대기권의 오존층에 구멍이 뚫리고
이산화탄소, 메탄가스에 의한 온실효과로 지구의 온도가 올라
갑니다. 이 온난화 현상이 남극과 북극의 얼음을 녹게 하고 녹아
내린 물은 바다로 흘러가서 해수면을 올라가게 하고 그래서 우
리가 발을 딛고 살고 있는 땅은 지금 이 시간에도 조금씩 바다
에 잠기고 있다는 것입니다. 1년에 한반도의 1/3에 해당하는 땅
이 사막이 되어가고 그 외에도 이런저런 일로 마음을 불안하게
하는 일들이 한두 가지가 아닙니다.

르테 듀보Rene Dubos라는 미생물학자가 있었습니다. 『너무나 인

간적인 동물』(*So Human an Animal*, 1969)이라는 책에서 그는 "지구의 생명의 위기를 해결하는 두 가지 방법이 있는데 그 하나는 서양의 방법론(분자 생물학)으로부터 동양의 방법론(생태학)으로 전환하는 것이요 또 하나는 서구 과학으로부터 종교로 돌아가야만 한다"고 말합니다. 서양의 세계관은 나누고 분석하고 구별하는 것에 중점을 두어 왔고, 또 그로 인해 과학적인 발전을 이룬 것도 있지만 인간과 자연, 자본주의와 사회주의, 백인과 유색인, 테러와 반테러 등 솔직히 너무 나누다 보니 대립적인 사고가 이 세상을 너무 분리하고 대립하게 만들었다는 이야기입니다. 그에 반해 동양적인 것은 불분명하고 애매모호한 것 같지만 그 안에 담겨진 철학을 보면 내가 너와 하나이고, 인간과 자연이 하나이며, 하늘과 땅이 하나인 마치 내가 네 안에 있고 네가 내 안에 있는 예수님 말씀과 같은 일체감을 생명으로 삼아온 것이 사실입니다.

세상이 점점 자연의 질서가 깨어지고 메말라 가는 이때 우리는 오늘 말씀 안에서 하나님이 보여주신 에스겔 선지자의 비전(Vision)을 다시 한번 봅니다. 골짜기의 마른 뼈들이 하나님의 영, 성령의 바람과 하나가 되면서 살아 움직이는 생명이 되었듯이 이 세상의 메마름이 하나님의 새로운 창조의 기운과 하나가 되어 새로운 생명으로 다시 창조되는 역사가 이루어지길 기도

합니다. 그 일은 바로 하나님을 믿고 살아가는 우리의 몫이기도 할 것입니다. 자연과 나를 떼어놓지 아니하고 하나님의 같은 피조물로 형제 된 마음으로 아끼고 살아가고, 우리 마음에 좀 더 자연 친화적인 모습으로 살아간다면 훨씬 나은 모습을 경험해 갈 수 있을 것입니다. 나눔이 아니라 하나 됨입니다. 운명도 생명도 미래도 결코 분리하여 생각할 수 없는 하나 된 묶어진 공동 운명체입니다. 하나님이 지으신 아름다운 세상을 가꾸고 보살피는 것은 우리에게 있는 또 하나의 중요한 사명이며 우리의 생명공동체를 지켜나가는 길입니다.

메말라 가는 땅과 목말라 지쳐있는 나뭇가지처럼 우리 인간들의 마음도 삶도 퍼석퍼석해지고 인색하고 이기적인 마음으로 변해가는 것 같습니다. 하나님의 숨결이 우리 안에 있어서 마른 뼈가 살아나듯이 하나님의 우주적 은총 안에서 온누리 생명이 함께 회복되길 빕니다. 세상을 살리시는 하나님의 숨길이 우리 마음을 살리고 새로운 기운을 주시길 기도합니다.

묵상을 위한 질문
• 제 숨 쉬지 못하고 지쳐있는 지구 공동체에 대한 이야기를 생각해 보십시오.

• 하나님의 생기를 머금은 우리가 지금 여기 나의 삶의 자리에서 할 수 있는 일은 어떤 것이 있는지 구체적으로 살펴보기 바랍니다.

한 줄 기도

창조주 하나님, 온 세상에 생명의 숨결 불어 넣어주셔서 모든 만물이 회복되게 하소서. 아멘

김의신(광주다일교회 목사)

농부의 마음으로

야고보서 4:13–15, 5:7–8

들으라 너희 중에 말하기를 오늘이나 내일이나 우리가 어떤 도시에 가서 거기서 일 년을 머물며 장사하여 이익을 보리라 하는 자들아 내일 일을 너희가 알지 못하는도다 너희 생명이 무엇이냐 너희는 잠깐 보이다가 없어지는 안개니라 너희가 도리어 말하기를 주의 뜻이면 우리가 살기도 하고 이것이나 저것을 하리라 할 것이거늘

그러므로 형제들아 주께서 강림하시기까지 길이 참으라 보라 농부가 땅에서 나는 귀한 열매를 바라고 길이 참아 이른 비와 늦은 비를 기다리나니 너희도 길이 참고 마음을 굳건하

묵상 글

도시는 희망의 공간입니다. 아메리칸 드림이든 코리안 드림이든, 그것은 대도시의 드림입니다. 도시에 인구를 집중하게 하는 힘은 성공신화에서 옵니다. 도시는 꿈을 먹고 삽니다. 거대도시는 극소수의 성공신화가 대다수의 빈민이 거기에 붙어살게 만드는 힘으로 작용하는 곳입니다. 그러나 야고보는 그 계획의 허망함을 공격합니다. 주후 1세기의 로마제국은 인류가 일찍이 볼 수 없었던 도시로의 급속한 인구집중이 진행되던 때였습니다. 야고보서 4장은 도시의 성장과 대박의 꿈이 밀접하게 연결되어 있음을 지적합니다. 그리고 이와 반대되는 그림을 다음 장에서 제시합니다. 땅에서 나는 귀한 열매를 바라고 길이 참고 인내하는 농부의 모습입니다. 야고보는 도시의 정서와 농촌의 영성을 의도적으로 대비하고 있습니다. 도시의 복잡하고 피폐한 삶과 농촌의 전원적이고 목가적인 삶을 낭만적으로 대비하는 것은 아닙니다. 야고보는 농촌의 삶이 뼈 빠지게 힘들다는 것을 잘 알고 있습니다. 농촌에서의 삶이란 "길이 참아"야 하고 인내로 묵묵히 노력해야 하는 것입니다.

사실 누구에게나 인생은 힘든 것이고 인내와 노력이 필요합니다. 그러나 도시의 삶은 그냥 적당히 채주를 부리면, 운만 좋으면, 매력적인 아이디어 한두 개 있으면 혹은 줄만 잘 서면 쉽게 성공할 수 있다는 환상을 심어 줍니다. 도시라는 공간이 갖는 치명적인 풍토병입니다. 거대도시의 발생과 성장에 이런 환상은 필수적입니다. 오늘도 도시에는 성공신화라는 바이러스가 계속 공급되고 있습니다. 한국사회의 근대화 과정에서 교회가 이런 성공신화의 공급처 노릇을 해왔다는 사실을 부인하기 힘듭니다. 소위 '간증'이라는 이름으로 유통되는 "복 받았다" 하는 이야기들이 그렇습니다. 한국교회의 성장이 급속도의 도시화와 궤를 같이했다는 것은 우연이 아닙니다.

문명사적으로 이 도시화 자체는 얼마간 어쩔 수 없는 면이 있습니다. 야고보서도 도시에 가지 말라고 하지 않습니다. 실지로 야고보서의 독자들도 대부분 도시에 살던 사람들이었던 것 같습니다. 야고보는 어떤 마음으로 살 것인가에 도전합니다. 한 마디로 '농부의 마음'입니다. 거대도시에 살면서도 농부의 마음으로 살아갈 수 있다면, 묵묵한 인내와 자연 앞에서의 겸손을 견지할 수 있다면 우리는 창조세계의 온전성을 지켜내는 삶을 살 수 있을 것입니다.

묵상을 위한 질문

• '영끌'이라는 말이 일반화된 요즘의 세태에 본문 말씀은 어떤 도전
을 줍니까?

• 도시의 삶이 "주의 뜻이면 우리가 살기도 하고 이것이나 저것을 하
리라"라는 태도와 어떤 관련이 있는 것 같습니다. 도시에 살면서도
야고보가 경고하는 어리석음을 피할 수 있다면 어떤 길이 있을까요?

• 인내하지 못하는 인스턴트 문화가 오늘의 기후위기에 끼친 영향을
생각해 봅시다. 일회용을 자제하는 등의 행동뿐 아니라 우리의 사
고방식이 어떻게 변화해야 할지도 함께 묵상해 보면 좋겠습니다.

한 줄 기도

창조주 하나님, 빠르게 변화하는 세상에 살면서 우리는 인내를 잃어버
렸습니다. 씨를 뿌리고 비를 기다리며 묵묵히 인내하는 영성을 회복하
기를 원합니다. 아멘

박영호(포항제일교회 목사)

그리스도인은 수고하는 농부이다

마가복음 4:3-8

들으라 씨를 뿌리는 자가 뿌리러 나가서 뿌릴새 더러는 길 가에 떨어지매 새들이 와서 먹어 버렸고 더러는 흙이 얕은 돌밭에 떨어지매 흙이 깊지 아니하므로 곧 싹이 나오나 해가 돋은 후에 타서 뿌리가 없으므로 말랐고 더러는 가시떨기에 떨어지매 가시가 자라 기운을 막으므로 결실하지 못하였고 더러는 좋은 땅에 떨어지매 자라 무성하여 결실하였으니 삼 십 배나 육십 배나 백 배가 되었느니라 하시고

묵상 글

비유의 말씀에서 '씨'는 하나님의 말씀을 가리키고, '땅'은 말씀을 듣는 사람들의 마음을 가리킨다. 말씀을 듣는 우리 마음이 말씀에 잘 반응하는 '좋은 땅'이 되어야 좋은 열매를 많이 맺게 된다. 이를 위해 말씀을 듣고 깨달아야 한다(마 13:23). 착하고 좋은 마음으로 말씀을 들어야 한다. 그 말씀을 생활로 증명해 보여야 한다. 또한 열매를 맺기 위해서는 기다림이 필요하다. 믿음으로 기다리는 인내를 통해 결실하게 된다(눅 8:15).

시련과 유혹은 말씀을 결실하지 못하게 하는 방해물이다. 돌밭의 돌은 환난과 박해 같은 '시련'이다. 돌밭 마음을 가지면 말씀을 들을 때는 기쁨으로 받아들이지만 시련이 올 때 곧 넘어진다. 뿌리가 없기 때문이다. 뿌리 깊은 신앙은 인내를 통해 가질 수 있다.

우리는 여러 가지 시련을 만날 것입니다. 문제는 어려움이 올 것이라는 것이 아니라 그 어려움에 어떻게 대처할 것인가 하는 것입니다. 그 시련이 주님과 우리 사이를 멀어지게 합니까? 아니면 우리를 주님께 더 가까이 다가가게 합니까?(허드슨 테일러)

시련을 당할 때 하나님의 품으로 피하라는 것이다. 그러면 시련이 기회가 되어 믿음의 뿌리가 자라게 된다. 시련이 약재료가 되어 말씀의 열매를 맺는 좋은 땅이 된다. 우리는 시련을 영적 도약을 위한 디딤돌로 삼아야 한다.

가시떨기는 곡식이 열매 맺지 못하도록 해를 주는 잡초이다. 곡식들은 가시떨기에 영양분을 빼앗겨 열매를 맺지 못하게 된다. 가시떨기는 '유혹'이다. 세상의 염려와 재물의 유혹을 의미한다. 이런 가시떨기 마음은 염려와 유혹의 잡초가 그 마음을 덮고 있다. 세상이 주는 염려와 재물이 주는 유혹에 마음을 빼앗겨서 말씀을 결실하지 못하게 된다.

말씀은 열매가 아닌 씨로 뿌려졌다. 가능성으로 주어졌다. 이 가능성은 예수님을 닮아 가고, 온전한 사람이 되고, 하나님의 사명을 감당하는 가능성이다. 이 가능성의 씨가 열매가 되기 위해서는 하나님의 은혜가 필요하고 우리의 수고로움이 함께 해야 한다.

땅은 내 마음이다. 내 마음 관리는 나 자신이 해야 한다. 돌이 있다면 돌을 제거해야 하고, 가시떨기가 자라고 있다면 가시떨기를 뿌리째 뽑아야 한다. 그런데 만약 수고로움이 싫어 내 마음의 밭을 그대로 방치하면 염려와 근심의 잡초, 교만과 탐욕의 잡초가 자라게 된다. 영양분을 그 잡초에 빼앗겨 황폐하게 되고 돌로 가득 차게 된다. 그냥 내버려 두면 땅은 버린다. 열매를 맺지

155

못한다. 가능성은 사라진다. 우리는 내 마음의 밭을 일구는 수고
하는 농부가 되어야 한다.

묵상을 위한 질문

- 씨가 땅의 상태를 드러내듯이 말씀이 내 마음의 상태를 드러낸다.
  지금 내 마음의 상태는 어떤가?
- 말씀을 결실하지 못하게 하는 내 안의 방해물은 무엇인가?
- 내 마음이 말씀의 열매를 맺는 좋은 땅이 되기 위해서 무엇을 수고
  해야 하는가?

한 줄 기도

날마다 말씀의 씨가 내 안에 뿌려지고 뿌리내려 열매 맺게 하소서.
내 마음이 좋은 땅이 되게 하소서. 아멘.

최재련(해밀교회 목사)

창조의 부르심과
'탄소제로 녹색교회'

기후위기로 우리의 미래가 불확실해졌다. 기온 상승으로 인한 폭염과 기후 재난, 빙하 빙설의 감소, 해수면 상승, 종의 멸종뿐 아니라 에너지, 먹거리, 폐기물 등 우리 삶 전반이 뒤흔들리고 있다. 지난 30년간 가파른 지구 온도 상승에도 침묵해온 결과로, 지구 회복력을 지킬 수 있는 시간이 10년도 채 남지 않았다.

전 세계가 '탄소중립' 계획을 세워 화석연료 등의 사용으로 배출되는 온실가스를 최대한으로 줄이고, 불가피하게 배출된 온실가스는 산림, 습지 등을 통해 흡수 또는 제거해서 실질적인 배출을 '0'으로 만들려고 애쓰고 있지만, 지구 온도 상승을 1.5도로 지키는 것은 요원해보이기만 한다. 우리나라는 전 세계 평균 상승치인 1도보다 많은 1.5도나 된다. 온실가스 배출 총량이 세계 7위요, 1인당 기준으론 세계 6위인데, 전력 효율과 재생에너지

발전량은 꼴찌를 면하지 못하고 있어, 다양한 영역에서 총체적 협력이 요청된다. 특별히 전 세계 절반 이상의 인구가 거주하며 온실가스 배출의 70%를 배출하는 곳이 도시이니, 지방정부가 온실가스 감축의 주체로 시민과 함께 실질적으로 감축하는 게 중요하다.

다행히 우리나라는 226개 기초지방자치단체가 '기후위기 비상선언'을 했고, 전국 80개 지자체(광역 17개, 기초 63개)도 '탄소중립 지방정부 실천연대'를 발족하여 2050년까지의 탄소중립을 선언했다.

우리 교회가 있는 지역은 선언을 했을까? 했다면 어떤 약속을 하고 어떻게 이행해가고 있을까? 탄소중립을 생각하는 교회라면 이를 확인하며, 그에 걸맞은 일을 해나갈 필요가 있다. 교회가 어떤 선택을 하고 어떤 행동을 하느냐에 미래는 달라질 것이다.

탄소제로 녹색교회, 선언으로부터!

만약 위기 상황이나 여의치 않은 교회 현실로 누구와 어디서부터 시작해야 할지 막막하다면 다음 순서를 따라가보자.

첫째, 자신의 교회 안의 위치나 모임 인원에 상관없이 '탄소제로 녹색교회'를 결심하고 선언하는 것이다. 탄소제로 녹색교회는 멀리 있지 않다. 녹색교회는 누군가에 의해 선정되는 것이 아니다. 창조주 하나님을 알아채는 교우들이 늘어가면, 공동체 안에서 자연스럽게 창조의 빛이 드러내는 녹색교회로 세워질 것이다. 그런 의미에서 모든 교회는 잠재적 녹색교회인데, 이를 드러내게 돕는 것이 자기선언이다. 누구든 모임을 만들고, 비전에 동의하는 사람들을 모아 '탄소제로 녹색교회' 선언을 하면 된다. 교회와 사회의 핵심 리더를 비롯한 다양한 사람들을 만나 폭넓은 공감대를 만들어가는 것이 과제인데, 창조세계의 탄식 속에서 하나님의 음성을 들으며 계속 소통한다면 기꺼이 함께 걸을 것이다.

두 번째 단계는 교회의 탄소 배출량을 산출하고, 그 출처를 분석하는 것이다. 건물 에너지(전기, 가스), 교통, 물, 먹거리, 종이 사용량 및 쓰레기 배출량을 단순히 확인하는 것이 아니라 감축 목표를 설정하고 이행 전략을 수립해야 한다. 이는 지금의 기후위기에 대한 자기 책임을 확인하게 해주어, 지금껏 지구에게 부담을 준 것에 대한 회개와 책임 있는 행동을 하게 도울 것이다. 스스로 탄소 배출량을 측정하는 저울 위에 올라선다는 것은 교회가 줄일 수 있는 배출량이 어느 정도이고, 그를 위해 치러야 할 대가는 얼마인지, 시간은 얼마나 걸릴지, 의미 있는 성과를 위해서는 자원과 노력을 어디에 집중하는 것이 좋은지, 목표에 이르는 진행 과정을 측정할 척도는 무엇이고, 순조로운 진행은 누가 보장할 수 있는지 등을 살펴 목표지점까지 부단히 노력한다는 결심이다.

세 번째 단계는 탄소 배출을 줄이거나 멈추기 위해 교회가 해야 할 일을 구체적으로 선택하고 행동하는 것이다. 진행 중 체계적인 모니터링은 필수다. 그래야 추후 거둔 성과를 평가하고 아쉬운 점을 되짚어 전 과정을 보다 나은 실천으로 나아갈 수 있다. 이 일에서도 중요한 건 전 교회의 지지를 얻는 것이다. 실천에 따른 효과를 공유해 참여를 독려하고 지속적 실천을 이끌 수도 있는데, 그 과정 속에서 소외되어 있거나 힘겨워지는 이는 없는지 살피고 배려해야 한다.

선언을 넘어 '영성–교육–실천'을 통한 창조세계 복원을!

이제 선언을 넘어, '탄소제로 녹색교회' 실천을 지속하려면, 다음과 같은 세 가지 과정으로 진행할 수 있다. 기후위기 시대에 교회가 감당해야 할 선교적 사명인 창조세계를 회복해가는 과정이다.

첫 번째는 '영성'의 길이다. '성서와 환경', '생태영성'에 대해 공부하면서,[*] 창조세계의 모든 것 안에서 하나님을 발견하고 하나님 안에서 모든 것들을 발견하는 훈련을 한다. 그에 기초해 '지구를 위한 중보기도'(Chritian Earth Hour) 시간을 갖는다면, 위기를 넘어서게 하는 담대한 행동도 가능할 것이다. 생태영성 훈련을 통해, 창조주 하나님의 사랑을 믿으며 창조의 선물인 자연의 가치와 아름다움을 깊이 감사할 줄 알게 된다면, 지속 가능한 삶을 살아내게 될 것이다. 더구나 사순절(혹은 고난주간) 등 신앙의 절기에 맞춰 경건한 40일 탄소금식이나 플라스틱 감축 40일의 생활 영성 훈련을 한다면,[**] 창조세계를 돌보는 방식으로 예배하고 교육하며 선교할 것은 물론이다.

두 번째는 '교육'의 길이다. 녹색교회(학교) 교육은 창조의 부르심과 신음하는 동료 피조물을 기억하며, 다량의 탄소를 배출하는 옛 습관을 버리고, 탐욕에서 자유로운 새들처럼 가볍게 살게 해야 한다. 뿐만 아니라 가난한 이웃이나 동식물을 대신하여 목소리를 내고, 지속 가능하고 에너지 효율이 높은 생활을 하며, 창조세계와 더불어 정원을 가꾸고, 창조세계가 하나님의 것임을 인정함으로, 가볍게 먹고 입고 머물며 쓰레기 없는 삶을 살게

---

* https://blog.daum.net/ecochrist/900(신현태 교수의 '성서와 환경', 최광선 목사의 '생태영성' 온라인 살림아카데미 활용 가능).

** https://blog.naver.com/ecochrist/222200866246.

해야 한다.

탄소중립이란 것이 개인적 실천으로 되는 것이 아니고, 개인 삶이나 사회에 지대한 영향을 미친 후에라야 이룰 수 있는 것이니, 계속적으로 함께 공부하며 공동체를 단단히 세워가야 할 것이다. '탄소제로 녹색교회를 위한 환경선교사 과정'***이나 '온라인 그린스쿨'과 같은 교육을 활용해보는 것도 방법이다. 또 원으로 둘러앉아(온라인도 가능) '지구돌봄서클'모임을 반복하면, 좀 더 신뢰하며 서로를 지지하는 공동체로 성장할 것이다.

특별히 교육에 있어 다음 세대 교육은 중요한데, 다음 세대들이 지금의 위기에 대해 자신의 목소리를 내게 하되, 환경력에 따라 매월 한 주일은 지구를 기억하는 지구(묵상)주일을 지켜 신음하는 피조물 앞에 당당한 하나님의 자녀요, 만물의 화해자 되신 예수님의 제자로 자랄 수 있게 도와야 한다. 가능하다면 교회학교나 부서(환경부) 차원에서 마을 안의 생태환경 자원을 발굴하여, 교회 숲지도를 만들고 그것을 토대로 숲(자연)학교를 운영하는 것은 마을교회로서 지역의 유·청소년을 위해 할 수 있는 좋은 프로그램이라 할 수 있다. 그것은 창조 안에 계신 하나님과 동료 피조물과 다시 연결되게 하여, 매주 드리는 예배와 교육,

*** 환경부 지정 우수환경교육프로그램임(https://blog.daum.net/ecochrist/865)

봉사 활동은 물론, 전기와 가스, 물 사용이나 물건을 구매할 때 배려한 다른 선택을 함으로, 공존하는 삶을 살게 해줄 것이다.

세 번째는 '실천'의 길이다. 교육을 통해 행동할 신앙공동체가 세워졌다면, 작더라도 실천 프로젝트를 실행해볼 일이다. 앞서 설명한 선언으로 시작되는 '탄소제로 녹색교회' 프로젝트가 대표적 예인데, 교회가 온실가스 배출량과 배출원을 조사해 '온실가스 인벤토리'****를 구축하는 것을 시작으로, 지역사회가 탄소중립을 실질적으로 이뤄가게 하는 것은 기후위기 시대를 사는 마을교회가 감당해야 할 과제 중 하나다. 교회도 탄소중립을 하려면, 탄소발자국을 통해 에너지 소비 습관을 점검하고, 모임시 적절한 규모의 공간을 선택하고, 전자기기 및 단열 등 에너지 효율을 향상해야 할 것이다. 탄소중립을 실질적으로 이루려면, 태양광을 통한 전기 생산은 필수이고 '지구 사랑 탄소 사냥' 걷기 캠페인을 통해 걷는 만큼 선교비를 매칭하여 '환경살림나눔발전소'를 세울 수도 있다.

교회 입구에는 자전거 거치대를 두어 세상과 교회를 오가게 하되, 가까운 버스나 지하철을 알려주어 대중교통 이용의 활성화를 꾀해도 좋다. 차 없는 주일을 지키되, 교통수단이 없는 노

**** 온실가스 인벤토리란 온신가스 배출량을 계산할 수 있도록 교회 안의 배출원을 파악한 후 각 배출원별로 배출량을 체계적으로 작성한 리스트를 말한다.

인 등 교통약자들을 돕는 것을 잊어선 안 된다.

교회 안의 쓰레기를 살펴 물건의 낭비를 줄이거나 친환경 제품으로 바꾸고, 지역주민과 물건 공유나 재사용 문화를 확산하고, 재활용 가능 자원을 찾아 직접 그 순환을 돕는 제로웨이스트-샵 등 새활용 활동을 할 수도 있다. 교회 안 정수기나 화장실 등에는 물을 절약하거나 일회용이 아닌 자기 컵이나 손수건을 쓰도록 권장하는 포스터를 붙여두고 환경의식을 높여도 좋다.

먹는 것은 창조세계를 돌보는 윤리적 식사로 하되, 지역에서 생산된 안전한 먹거리를 공정한 가격으로 구입해서 필요만큼 직접 차려 먹게 할 것이다. 교회 숲밭(정원)을 만들어 공동으로 심고 가꾸고 수확하게 하는 것은, 공동체 안의 어려운 이웃에 대한 돌봄으로서도 의미가 크다. 필요하다면 한 달에 한 번 정도 농촌교회 생산물이나 공정무역 제품을 연결해 상생의 관계를 형성하는 것도 좋다.

협력하여, 창조의 부르심에 응답하기

좀 더 힘을 낼 수 있다면, 지구 생태계 복원의 계획을 세워도 좋다. 교회가 위치한 곳 주변의 손상된 지역이 있다면 복원하고, 아직 손상되지 않은 곳이 있다면 보전 활동이나 토착생물들이 살 수 있도록 보호지역으로 지정하는 일도 계획해볼 수도 있다.

모두가 골고루 풍성한 삶을 누리는 '하나님 나라는 우리 안에 있고'(눅17:21). '그 뜻대로 부르심을 입은 자들에게는 모든 일이 서로 협력하여 선을 이루니라"(롬:28)고 하셨다. 크고 작음에 상관없이 '영성', '교육', '실천'(행동)의 길을 걷는 교회마다 창조세계 안에서 깊이 연결되어 신음하는 피조물을 사랑하게 되길 소망한다. 창조의 부르심에 응답하는 이들 '탄소제로 녹색교회'가 발하는 창조의 빛으로 인해 심히 아파하고 있는 지구가 온전히 회복될 수 있기를 소망한다.

유미호(기독교환경교육센터 살림 센터장)

기독교환경교육센터 살림

기독교환경교육센터 살림은 창조신앙에 기반한 생태리더십을 개발하고, 교회와 지역사회를 푸르게 하는 환경선교 비영리민간단체입니다. 환경선교와 교육을 컨설팅할 뿐 아니라 다양한 교육과 워크숍, 커뮤니티 활동을 지원합니다.

'녹색교회' 의제를 만들고, '교회녹화', '교회절전소', '생명밥상', '초록가게', '주말생태교실' 등의 시범사업과 '생태적 삶 훈련'과 '생활속환경교육'을 진행해온 경험이 있는 이들이 함께 모여 만들어가는 곳으로, 창조의 때의 지구의 모습을 복원하고자 힘쓰며, 하나님이 보시기에 참 좋은 하늘나라의 삶을 살기위해 노력하고 있습니다. 그 삶은 '모두가 골고루 풍성히 누리는 삶'(요 10:10)입니다. 선물로 주어진 창조 세계 안에 머무는 것을 소중히 여기고 돌보며, 신음하는 생명의 소리에 예민하게 귀 기울임으로 이 땅을 가꾸어 나갈 것입니다.

이처럼 하나님은 우리를 지구 동산에 두시고 '지키고 돌보라'(창2:15) 하셨습니다. '살림'은 교회와 그리스도인들의 회비로 운영됩니다. 재정 후원은 하나님이 만드신 지구와 그 안에 기대어 살아가는 생명이 골고루 풍성한 생명을 누리게 하는 다양한 활동의 중요한 밑거름입니다.

〈주요 사업〉

- 플라스틱프리(교회 및 교회 카페) 캠페인
- 경건한 40일 탄소금식 등 신앙의 절기에 맞춘 실천캠페인
- 환경 선교사, 온라인 그린 스쿨, 지구 돌봄 서클, 생태영성 훈련 살림 아카
  데미 운영
- 녹색교회학교 워크숍 및 지구묵상주일(크리스천 어스 아워, 지구를 위한 시
  간) 캠페인
- '계절에 말 걸기' & '교회숲(정원) 워크숍 및 조성
- 모두를 위한 '환경살림나눔발전' 캠페인
- 300살림씨앗 네트워크를 위한 소규모 살림활동 지원
- #환경 #해시태그 #봉사인증(1365자원봉사) 캠페인

┃ 주소 (03180) 서울 종로구 연지동 135 한국교회 100주년기념관
    604호(살림)
┃ TEL 070-7756-0226
┃ Email ecochrist@hanmail.net
┃ 살림블로그(활동소식) http://blog.daum.net/ecochrist
┃ 살림브런치(글창고) http://blog.naver.com/ecochrist
┃ 네이버밴드 https://band.us/@salim
┃ 페이스북페이지 http://www.facebook.com/ecochrist.salims
┃ 카카오톡플러스친구 http://pf.kakao.com/_rmExdC

살림친구(후원) 되기 https://online.mrm.or.kr/E5CQi7a
살림 후원 계좌(기부금 영수증 발급) 국민 343601-04-121652
                                    재)한빛누리살림